神戸・生田《いくた》の杜《もり》から日本を考える

加藤隆久
生田神社名誉宮司

阪神・淡路大震災で倒壊した生田神社の拝殿

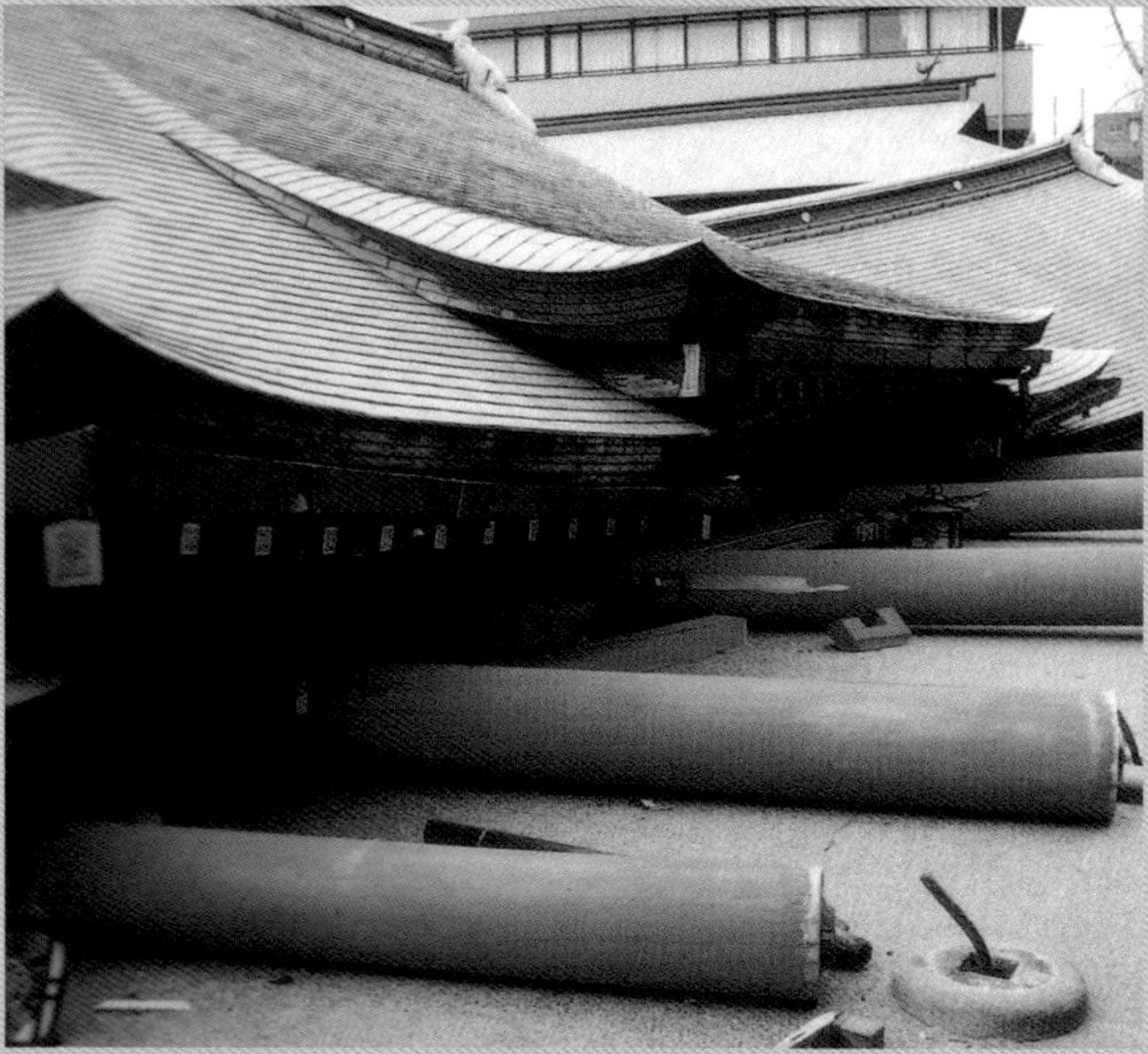

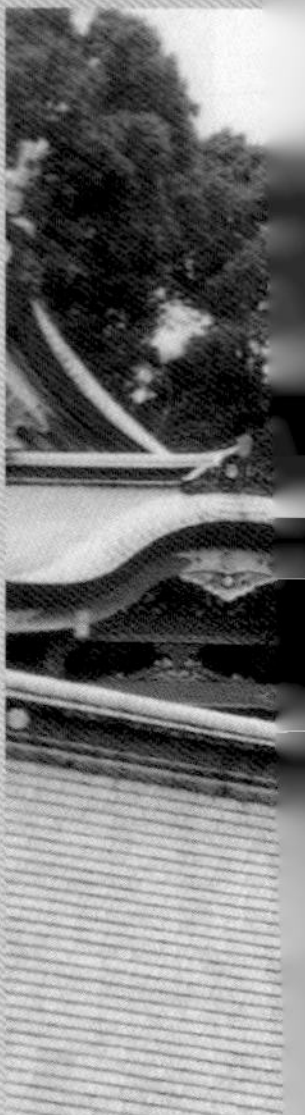

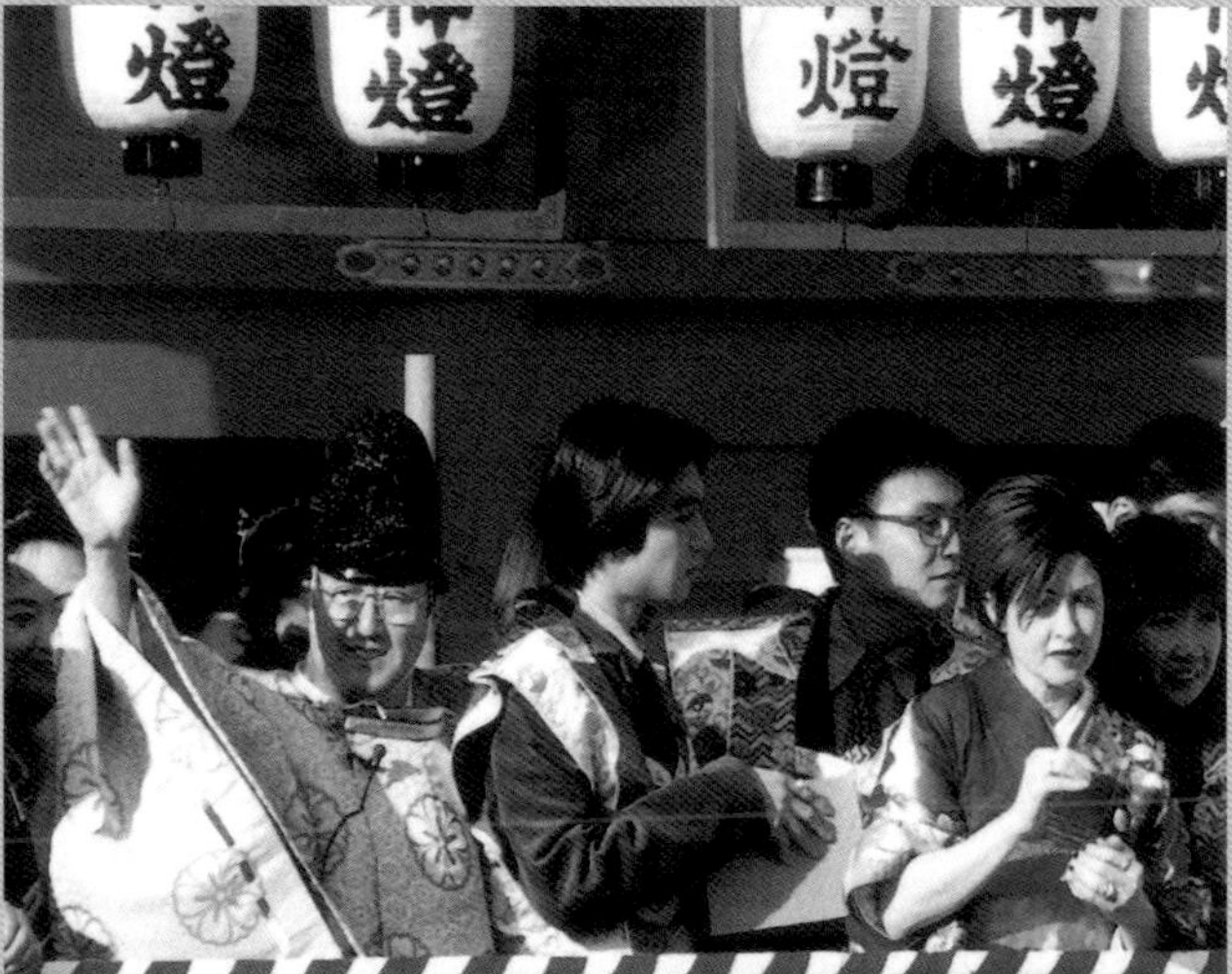

生田神社の節分会で豆をまく着物姿のシンディ・ローパーさん

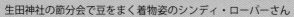

光格天皇

「光格天皇御即位礼式絵図」（60 × 97㎝）加藤隆久所蔵

神仏霊場会の伊勢神宮参拝、左から田中恆清、加藤隆久、森本公誠、半田孝淳の各師＝平成 20 年 9 月 8 日

高野山金剛峰寺での神仏合同国家安泰世界平和祈願会で祝詞を奏上する著者＝平成 21 年 6 月 11 日

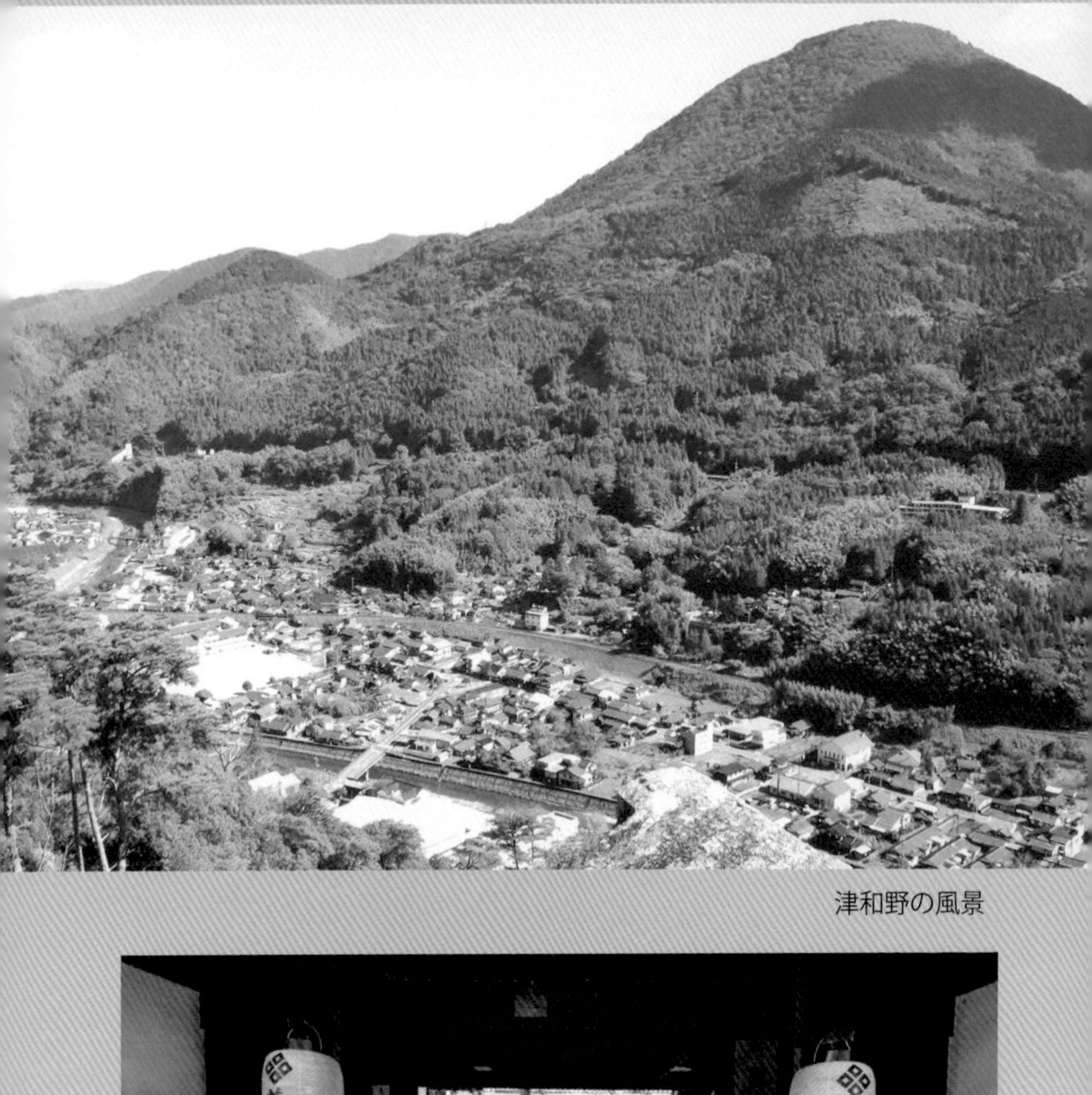

津和野の風景

津和野藩の藩校養老館

津和野の永明寺にある森鷗外の墓

森鷗外の生家

「世界平和　祈りの幕開け」＝令和２年 11 月 11 日、
神戸ポートピアホテル

天理教の祈り

第3章　令和の天皇皇后両陛下と日本

第4章　神仏習合の歴史を今に

第5章　神道文化と日本人の心性

第6章　グローバル時代の神道

まえがき

令和5年の新年を迎え、昨年を振り返りますと、新型コロナウイルス・オミクロン株の流行にロシアのウクライナ侵略、急速な円安、物価高など、さまざまな出来事がありました。

とりわけ、ロシアのウクライナ侵略は世界を大きく揺るがせました。国際法を無視して他国の領土を侵し、非人道的な戦いを仕掛けたのです。21世紀の世界で、国際秩序を破壊するような暴挙が起きていることは許しがたく、一刻も早くウクライナが自由と平和を取り戻すことを願うばかりです。

同時にこのことは、私たち日本人に対して、安全保障の問題をリアルに突き付けました。世論調査などを見ても、これまでになく安全保障について真剣に考える人々が増えているのを感じます。

ところで、コロナが世界中に蔓延する中、「現代は宗教の時代である」とか「こころの時代」という言葉を目にすることが多くなっています。こうした宗教に対する関心の高まりは、新興宗教が続出した終戦直後の時代以来のことでしょう。もっとも、書店の宗教書コーナーに平積みされた書籍は、現代人の宗教への関心の高さの一端をうかがわせるのですが、宗教への関心の質と量を、総体として実証するデータは乏しいとの報告もあります。

一般国民を対象にした宗教意識の調査からその変化を見ますと、信仰や信心を持つ人の割合は、1958年以降下降が続いていたのが、1978年からは一気に回復し、上昇するようになり、その宗教回帰の現象が今も続いているそうです。

しかし、例えば、宗教団体の信者数が宗教意識を反映しているとはいいにくい面があり、意識的に宗教的実践をする人は少ないようです。教団等に属している人は少ないのですが宗教的なもの、神秘的・スピリチュアルなものへの関心が高まっていることは事実といえます。

こうした時代に、神社神道についての「宗教新聞」編集長による私へのインタビュー記事が、2005年から同紙に掲載されてきました。テーマは、「明治の国づくりと神道の役割」「光格天皇が拓いた明治維新への道」「白瀬南極探検隊に生田神社の神職が参加」「森鷗外の遺言と神道の死生観」「日本人を清潔好きにした神道の祓と禊」「令和の天皇皇后両陛下と日本」「神道文化とこれからの日本」などです。

いずれも私見による神道観の語りで、聞かれるままに答えながら、生田神社を含む生田の杜《もり》と神戸の歴史、私自身の研究歴と神職としての活動歴をつづることになりました。そして、それらを踏まえ、今年が生誕１００年の司馬遼太郎風に言えば、「余談」として日本と日本人の在り方を考えたのです。ちなみに、司馬氏と同じ大阪外国語大学卒業の歴史作家・陳舜臣は、神戸を代表する文学者で私の大の親友でした。

上記インタビュー記事を私の語り口に編集し、『神戸・生田《いくた》の杜《もり》から日本を考える』として刊行しました。ご高覧頂ければ幸いです。

令和5年3月30日

加藤隆久

第1章　生田神社と神戸の歴史

阪神・淡路大震災からの復興

拝殿が倒壊

私が奉仕してきた生田神社の話をするにあたり、最初に思い浮かぶのは阪神・淡路大震災で倒壊した拝殿の姿です。その衝撃の大きさにもかかわらず、亡き父の幽世《かくりよ》からの言葉に励まされて復興に取り組み、氏子をはじめ多くの人たちの協力で再建を果たした話から始めることにしましょう。

神職というのは命をかけてお宮さんを守るのが使命の第一です。私は父の後を継いで生田神社の宮司になり、神社の務めをしながら甲南大学や國學院大學で教鞭をとり、神戸女子大学の教授になって学位ももらいました。

戦後、父親が再建した生田神社で神職を務めながら、平穏に文化活動をしていましたが、世の中そううまくはいきません。平成7年（1995）1月17日に起きた阪神・淡路大震災。大地震で何もかもがつぶれ、こりゃえらいことになったと思いましたね。その時、詠んだ歌です。

朝まだき床突き上げる上下動　怒涛の如き南北の揺れ
あのビルもこの家もまたかの店も　瓦礫となりてうずくまりたる

お正月三が日の生田神社は大変な人出で、それから「えびすさん」があり、行事が続きます。17、18日はこの辺では厄神さんがあって、私は兼務社に出掛け、そこで装束を解き、くたくたになって寝ていました。そしたら、あの午前５時46分です。

そりゃすごいの何のって、「こりゃもうだめや」と思いました。昨日お参りしていた拝殿が倒壊したんですから。周りのビルもみな壊れている。氏子もみんな駄目や。そう思ってふと振り返ると本殿が立派に立っているのが見え、茫然自失の状態だった私の目に浮かんできたのが、生田神社が戦災で焼失した時の「造営宮司」と言われた父親の姿です。

「あなたは日ごろから、神社は地域のコミュニティー・センターだと言っているではないか。神戸という地名の由来は生田神社を支える神戸《かんべ》44戸で、そんな神社を倒壊したままにしておいていいのか」という、亡き父の声というか神の声が聞こえてきました。それで心を切り替え、復興に邁進するようになったのです。

昭和20年（１９４５）６月５日、生田神社は６００発の焼夷弾で焼け落ちました。焼け野原の中から、父親はさんざん苦労してこの宮を再建したのです。その時の父親の後ろ姿を思い出したら、「やらなあかん」という使命感みたいなものがわいてきたんです。すると発想の転換ができ、ファイトが出てきて、悲しさが喜びに変わりました。

生田神社は神戸という地名の発祥の地です。その神戸を一番に建てよう、お宮さんが一番に建つことで、このあたりが復興するんじゃないか。そう思ったら意欲がわいてきたのです。


かにかくに氏子や父の建てし宮　復興にむけ燃え立つ我は

それからいろいろな行事をやるたびに、みな燃えてきて、わりあい早い復興につながりました。どの神社も、ご社殿を守るのは神職の使命ですから、地震による倒壊でそれに目覚めたということです。

新しい拝殿は地震で倒壊することのないよう、鋼管にコンクリートを詰めた最強の柱を立てる新工法を採用しました。伊勢神宮からは、昭和４年（１９２９）の式年遷宮で払い下げられた内宮の棟持柱《むなもちばしら》が、その後、宇治橋の鳥居に使われ、次いで鈴鹿の関の鳥居になっていたのを下賜されることになりました。

がんばろう神戸！

その後、ヘルメットを着けて現場を動き回っている私の姿がテレビに映されると、衛星放送で世界中に届きますから、国内外から支援が来るようになりました。

以前から親しくしていた薬師寺管長の高田好胤さん（当時）は「加藤くんはえらいことやっとるで」と、みなを引き連れて激励に駆けつけてくださいました。マスコミも、ニューズウィーク、ＣＮＮから香港のテレビ局やほかあらゆる新聞、週刊誌が取材に来て、その応対を私が一手に引き受けました。

青年会議所をはじめ神戸市、兵庫県のいろいろな団体が復興に協力してくださいました。世界的に有名な立正佼成会が母体の東京佼成ウインドオーケストラが、県に支援公演を申し出たのに適当な演奏場所がなく困っていたので、当社の境内に仮設の舞台を作り演奏会を実現しました。ちょうど工事中で工務店が入っていましたから、すぐ舞台を作らせることができたのです。スッペ作曲の「軽騎兵」からグレンミラー・メドレーや坂本九メドレーを演奏したら、しばらく音楽に飢えていた被災者たちがいっぱい集まりました。

アメリカの有名ロック歌手シンディ・ローパーは、前年の神戸でのコンサートが非常に人気を博していました。その直後の地震なので、彼女はすぐ行動を起こしたのです。自分の「カモンホーム」というレコードの売り上げを、日赤を通じて神戸に寄付し、ダイヤルQ2には自分のメッセージを入れて、その通話料を寄付するといった具合です。さらに「ぜひもう一度神戸に行きたい」と言うので、2月の節分に生田神社に来てもらうことにしました。

そうしたら、ファンが1万5000人くらい来て、こんなに多くの人が生田神社の節分会に集まったのは初めてです。シンディ・ローパーが着物姿で、「神戸、アイ・ラブ・ユー。福は内、鬼は外。復興、がんばって神戸！」と豆撒きをしたら、大きな歓声が上がり、みんな癒やされ、救われたという感じがしたものです。

プロ野球のオリックス・ブルーウェーブ（今のオリックス・バッファローズ）は毎年、キャンプイン直前の1月28日ころに必勝祈願に生田神社に来ていました。平成7年も来ることになっていましたが、地震で駄目になりました。

選手たちがキャンプに行った後、当時の社長が一人だけで参拝に来たので、私は倒壊した拝殿の前で祝詞《のりと》を上げ、「こういう時期だからこそ『がんばろう神戸』で、オリックスの必勝祈願をする」と言って、「勝守り」を皆さんに持っていってもらいました。その年にイチローはヒットを179本も打ち、オリックスはどんどん勝ち進んでいったのです。

とうとうマジックが出て、あと1勝すれば優勝という時に本拠地に戻ってきたので、優勝祝賀会を神社で準備しました。地元のケーキ屋は、建物はつぶれたけれど、優勝ケーキを作り、白鶴酒造はお酒を持ってきて、優勝したときは鏡開きをすることにしていました。書家の望月美佐さんは着物姿で待機し、「青　波《ブルーウェーブ》優勝、飛球飛ぶ」と書く手はずでした。そして私と仰木監督がＮＨＫテレビで対談することになっていましたが、連敗してしまったのです。

2日目も負け、3日目も負けそうで、3連敗したら次の試合は西武球場に移動です。私は「皆さん、今日は負けるかもしれない。その時には、『祈る！　青波優勝』ということで、鏡開きをやりましょう」と呼びかけました。結局この日も負けてしまい、優勝祈願ということで枡酒で乾杯し、何もかも食べて終わりました。

そして西武球場に移って、やっとパ・リーグ優勝を成し遂げたのですが、生田神社には酒も何もありません。そこで来た連中を集めて優勝奉告の祝詞を上げ、やっと優勝祝いをしたのです。

「蘇りの神」

生田神社は、これまでも水害あり、戦災あり、地震ありと何度も災害に遭っています。『枕草子』に「森は糺《ただす》の森、信太《しのだ》の森、生田の森」とあるように、生田の森は古来有名で様々な書物に記され、源平合戦では大戦場となったと伝えられています。

私の知るかぎりでも、わが家が昭和12年（１９３７）に岡山の吉備津彦神社からこちらに移ってきた2年後に神戸大水害に見舞われました。昭和20年には米軍機が投下した焼夷弾で社殿や社務所を焼失し、平成7年の阪神・淡路大震災では拝殿や石の鳥居が倒壊しました。その都度、不死鳥のように復興してきたことから、「蘇りの神」と呼ばれるようになったのです。

アメリカは敵ながらたいしたものやと思うのは、このあたりの神社は皆やられましたが、外国人が造営した教会はちゃんと残しています。寸分違《たが》わず命中させたわけで、そんな国と戦ったら、そりゃあ相手になりません、腹立つことですが。

生田神社は一木一草みな焼けたので、それからが苦難の道でした。周りに闇市はできるわ、混乱の極みです。父親はそれでもなんとか木造で復興したいと、苦労の末、昭和34年（１９５９）にようやく素晴らしい木造の社殿を再建したわけです。本当に大変やったと思います。そういう父親の姿を思い出しても、先人はいろんな苦労をしています。生田神社は幾度も災害や被害にさらされ、そのたびに、氏子や崇敬者の方々の協力で復興しました。

源平の戦いでも有名な「生田の森」を整備することになり、平成8年（１９９６）に森を大改造して井戸を掘り、川を通しました。かつてのみやびの世界を再現するため、「曲水の宴」を設けて歌会を催し、非常に喜ばれています。

私は従来から「神社は一つのコミュニティー・センター」と言ってきました。経済や政治は知事や市長の政治家や経済界が担当しますが、文化の面では神社が地域社会に貢献しなければなりません。神社には絵馬堂や能楽堂、宝物館があり、地域（コミュニティー）の文化センターです。私も神戸芸術文化会議の議長を務めるなど、文化面で地域や氏子とのつながりを保ってきました。

神道には「常若《とこわか》」という思想があり、祭りや芸能で人々の心の復興を果たし、それが社殿の再建につながったのです。生田神社は神戸のシンボルの一つですから、それが復興していく姿から力を得た市民も多かったと思います。

東日本大震災被災地に神戸から「復興の火」を

大震災に見舞われた神戸の神職として、平成23年（２０１１）に起きた東日本大震災は人ごととは思われませんでした。津波で７００人以上が亡くなった宮城県名取市の閖上《ゆりあげ》地区に行くと、丘の上にある湊神社は社殿が流され、仮社殿が建てられていました。１本だけ残っていた松の木の幹には、津波で受けた傷の痕がありました。

生田神社の職員がいわき市にある飯野八幡宮の飯野光世宮司と懇意にしており、鎮魂のお祭りをする折、阪神・淡路大震災で大きな被害を受けながら、いち早く復興を成し遂げた生田神社の御神火を「復興の火」のシンボルにして祭礼を行いたいとの依頼がありました。

7月15日の大祓《おおはらえ》に来られたので、神前で神職が火を起こしました。ヒノキの板にヤマビワ製の心棒を立て、回転させると、摩擦熱で小さな火が起こります。するとおがくずをかけて火を移し、枯れ枝を燃やします。そうしてできた御神火をカイロに移し、いわき市に運びました。

その御神火をたいまつに移し、平成23年（２０１１）7月18日と8月8日、小名浜の海岸で慰霊鎮魂・復興祈願の「千度大祓」が行われました。大祓の祝詞を神前で千回読み上げ、罪を祓い清める神事です。百人の神職が十回読み上げると千回になります。

被災者の精神的なケアには、神社の祭りが一つの役割を果たせると思います。祭りはイデオロギーに関係なく、地域の絆を思い起こさせ、落ち込んでいる人々の心を奮い起こす効果があります。祭りは伝統的に地域の人々が助け合って守り続けてきたものです。神主や氏子総代をはじめ、神輿《みこし》の担ぎ手、囃子方《はやしかた》、食事を用意する裏方の女性たちなど、皆で助け合って行われます。

老若男女が一つになり、それぞれの役割を演じることで、喜びを感じ、生きがいを覚えるのは、現代風に言えば社会福祉の原理です。ご縁や支え合いの絆の回復が、今の社会においては喫緊の課題で、日本社会では神社が伝統的にその役割の一翼を担ってきたのです。

神社は歴史的に地域のコミュニティー・センターの役割を果たしてきました。季節の節目に行われる祭りなどを通して、地域のつながりが受け継がれてきたのです。戦後は社会情勢の変化に伴い地域社会の構造や人々の価値観も変わりましたが、人々の絆や自然との調和を大切にする文化は、混迷する現代社会にアピールするものがあります。

自然環境の保護からも神道が見直されています。しばらく前までは日本も人間中心主義で、自然は人間がコントロールするものであり、万物にも神性を認めるのは遅れたアニミズムだとされていました。しかし、環境破壊が深刻になってきてから、自然は征服するものではなく、共生するものだという伝統的な自然観が見直されています。

そうした中で、神社、神道の出番が来たと私は感じています。特に鎮守《ちんじゅ》の森や祭りを通して、地域の再生、文化の継承を図っていきたいですね。鎮守の森は神社の社叢《しゃそう》だけを意味するのではなく、生産や信仰、芸能などを含む文化の総合体です。ですから、鎮守の森が祭りの伝統を次の世代に継承していく中心的な場になるのではないでしょうか。

東日本大震災の被災地でも、古くから伝わってきた文化財の多くが失われました。大阪で開かれた被災地の復興と文化財の役割を考えるシンポジウムで、岩手県釜石市の伝統芸能「虎舞《とらまい》」が大きな被害を受け、存続が危ぶまれていたのですが、釜石の人間を元気づけるには虎舞しかないと信じて、瓦礫の残る街で祭りを復活させた釜石虎舞保存連合会の活動が紹介されていました。

ある大学教授は、「津波で失われた街で、祭りを続けることで、必ずかつての賑わいを取り戻せると人々が思うようになり、震災から4か月後には虎舞が演じられた。このことから、生活の再建に欠かせないものの一つが祭りだったことが思い知らされた」と発言していました。文化の複合体である祭りの再生を通じて地域の振興を図ることが、被災地復興の一つの鍵になっています。

祭りで心をプラスに

人生は順風満帆というわけにはいきません。誰でも挫折に見舞われます。その時重要なのは、いかに心の切り替えをするかです。東日本大震災の被災者の人たちも落ち込んでしまいがちですが、何かを機に心をプラスに切り替えていくことが必要です。それが、祭りの心でもあると思います。

日本列島はまさに災害列島です。伝承によると、生田神社が今の土地にあるのも、元あった砂山《いさごやま》が水害に見舞われ、松の木が倒れ社殿を壊したので、刀祢七太夫《とねしちだゆう》という神主が御神体を背負い、安全なこの地まで運んできたというのです。

それ以来、生田神社では松がタブーになり、正月にも門松ではなく、杉の枝で作った杉盛《すぎもり》を立てることになっています。今も境内には松の木は一本もなく、昔あった能楽堂の鏡板にも、松の代わりに杉が描かれていました。

歴史を通して培われてきた先人の知恵の集積が、神社に伝わる地域の文化です。神社が地域のコミュニティー・センター、文化センターとしての役割を強め、高めていくことが、これからの日本にとっても重要だと思われます。

生田神社の歴史

海上交通の拠点

神戸は古代から瀬戸内海の良好な港の一つで、「務古水門《むこのみなと》」「大輪田泊《おおわだのとまり》」と呼ばれ、中国大陸や朝鮮半島の港と交流していました。『日本書紀』には神功皇后が朝鮮半島への遠征の帰り、難波の港に入ろうとしたが船が進まなくなったため、今の神戸港で神占をしたところ、稚日女尊《わかひるめのみこと》が現れ、「私は活田長峡国《いくたながおのくに》におりたい」と言われたので、海上五十狭茅《うながみのいさち》を神主として祀られたと伝えられます。これが生田神社の始まりで、海上家は初代の社家になります。稚日女尊は天照大神の妹神、あるいは和魂とされています。また、事代主命《ことしろぬしのかみ》が「自分を長田国に祀れ」と言われ、祀ったのが長田神社です。

生田神社の二の鳥居を入って左側に、海上安全・交通安全・方位除け・道開きの末社・大海《だいかい》神社があり、御祭神は猿田彦命です。思うに、漁師や海運に携わる者たち、海を支配する豪族がいたところに、文化の高い神様が来て、いわば地主の神を征服したのではないでしょうか。

　生田神社は水害や戦災、地震に襲われながら、不思議なことに残っています。大海神は地主の神であり、稚日女尊は天孫族の天津神です。伊勢神宮にも、天照大神を祀る内宮の近くに猿田彦神社があります。これも、土俗の神である猿田彦のところに天津神が来られたからでしょう。

　稚日女尊は、高野山北西の天野盆地に鎮座する丹生都比売《にうつひめ》神社の丹生都比売大神と同じとの説もあり、その説の人たちは、生田神社も丹生都比売神社の系列にあるとしています。丹生都比売神社は空海が高野山に金剛峯寺を建立するときに社領を寄進したと伝わる、古くから高野山とゆかりの深い神社です。

　生田神社には明治まで、海上《うなかみ》、村田、後神《ごこう》という三つの社家がありました。生田神社を守る家・神戸として44戸が命じられ、神戸村ができたのが今の神戸の発祥です。

　鳥居を挟んで大海神社の反対側に、酒造・農工業の神を祀る松尾神社があります。神戸は灘の酒が有名で、平安時代の『延喜式』には、新羅からの客人に神酒を供するため、大和国の片岡神社、摂津国の広田・生田・長田神社から合わせて２００束の稲を生田神社へ送り、生田の神主が醸造し、敏売崎《みぬめざき》で振る舞った、と書かれています。片岡神社は遠隔地なのですが、同社は中臣氏と関係が深く、酒を配る神が祀られています。平安時代、当地は八部郡《やたべのこおり》と呼ばれ、敏売・生田・長田の三社しかありませんでした。

新羅からの客人に神社で醸した酒を振る舞ったのには二つの理由がありました。一つは饗応で、もう一つは外国の客が日本に上陸する際の祓え、今でいう検疫です。生田神社はそうした酒造りの神でもありました。

平清盛は神戸の生みの親

日宋貿易の港に

平成24年（２０１２）にＮＨＫの大河ドラマ「平清盛」が放映されるのに合わせて、清盛とゆかりの深い神戸では「ＫＯＢＥ　de　清盛」推進協議会が発足し、「ドラマ館」や「歴史館」が開設されました。ハーバーランドにあるドラマ館では大河ドラマの世界を体験でき、かつての大輪田泊が埋め立てられた中央市場前にある歴史館では、清盛が生きた平安時代の暮らしや神戸港の発展、福原京遺跡の出土品などが見どころでした。

源平の時代、播磨・摂津一帯は平清盛の本拠地で、当時、八田部郡には生田、長田、敏売《みぬめ》の三つの神社がありましたから、当時の清盛も生田神社に詣でたかもしれません。

神戸は昔から平家に特別な感情を抱いてきました。一般的には「おごれる平家」と批判的な文脈で語られ、源平合戦では源氏が善玉で平家が悪玉というのが通り相場になっている中で、神戸市民の大多数は平家一門に深い愛情を寄せていたのです。

例えば、神戸市役所が大正14年（1925）に発行した『神戸市民読本』に、「平清盛の不忠不義な点はどこまでも鼓を鳴らして責めなければならぬ。しかし彼が先見の明に富み、勇断進取にしてあくまでも積極的に物事をやりとおすという点については、大いに吾人の学ばなければならぬところである。何といっても平清盛は神戸市の発展の歴史と切り離せない大人物であった」と記しています。

平清盛は仁安4年（1169）3月頃から福原（今の神戸）に別荘を構えて以後、ここを住まいとし、治承5年（1181）に64歳で没するまでの12年間は、ほとんど福原で暮らしていました。その間、都では長男の重盛はじめ息子たちが貴族社会の中で政治と軍事の実務を担当し、清盛は必要な時だけ、都に出て行っていました。それは12年間に20回くらいで、用件を済ますとすぐに福原に帰って来ていたので、清盛の本籍は京都でも、現住所は福原にあったと言えるのではないでしょうか。

平家は清盛の父・忠盛の代から博多で宋と密かに貿易を始めており、清盛は今の外務省に当たる大宰府の大弐《だいに》（次官）を務め、貿易が莫大な利益を上げるのを知っていました。貿易を盛んにするには、宋の大型船を、瀬戸内海を通って都の近くまで来航させることが必要です。ところが当時は、外国船は博多止まりで、瀬戸内海まで入ることは朝廷が認めていませんでした。それを清盛は政治力で強行したのです。

福原京と大輪田泊のジオラマ（大河ドラマ館）

神戸にある平清盛像

さらに、当時の大坂の港は水深が浅くて大型船が入れませんでした。その点、大輪田泊は地形と風向きも良いうえに水深が深く、大型船が入港できたので、清盛はそこを整備することに決めたのです。また、瀬戸内海に跋扈《ばっこ》する海賊を平定して家来にし、音戸の瀬戸などを開削して、博多から大輪田泊までの航路を整備しました。これにより、日宋貿易はますます盛んになったのです。

清盛は日宋貿易を盛んにすべきだと考え、また戦乱に明け暮れていた時代に、守りに適した港として神戸に目を付けました。後ろが六甲山、前が瀬戸内海で、東の生田川と西の須磨の浦が自然の要害を成していたので、敵は攻めにくいのです。瀬戸内海の海賊を退治し、航路を開削して神戸まで大型船が入れるようにして、さらに大輪田泊を開こうとしました。

ところが東南の強風が吹いて堤防を築いてもすぐに崩れてしまうので、昔、ＪＲ兵庫駅の北にあった塩槌山《しおづちやま》を切り崩し、廃船に土砂を積んで経石を乗せ、海を埋め立てて人工島の「経が島」を築造しようとしたのです。

しかし、何度も波に流されたので、海の神の祟りを鎮めるために人柱を立てようという声もあったのですが、開明的な清盛はそれを受け入れず、石に経文を書いてそれを沈めました。経石で造られた築島なので「経が島」と呼ばれるようになります。その経石が発掘されています。安芸の宮島の厳島神社の、海に立つ鳥居の一番上にある笠木《かさぎ》にも経石が詰まっていて、倒れないように重しにしていたのです。

強風と荒波を人工島で防ぐ大輪田泊が完成したのは12年後の承安２年（１１７２）で、清盛は日宋貿易を盛んにします。こうした清盛の壮大な取り組みは、現代のポートアイランドやハーバーランド、六甲アイランドにつながるもので、今の国際都市神戸の生みの親は平清盛だと言っても過言ではありません。ですから、神戸市民は清盛を非常に敬愛しているのです。

その後、生田の森は源平合戦の戦場となり、後の湊川の戦いでは南北朝時代、後醍醐天皇に付いた楠木正成《まさしげ》らが、九州から東上してきた足利尊氏らの軍と合戦しています。

生田の森の西南にあった花隈城は、ＮＨＫ大河ドラマ「軍師官兵衛」でも放映されたように、官兵衛を１年間投獄した荒木村重の居城でした。有岡城を失った村重は尼崎城に逃げ、そこも追われて最後に花隈城に逃げ込みます。ここが落されると、村重はさらに逃げ、毛利氏に保護を求めました。

嘉応2年（1170）には後白河法皇が福原にあった清盛の別荘「雪見御所」（雪之御所とも）で、来日した宋人を謁見しました。これを聞いた公卿の九条兼実《かねざね》は日記「玉葉《ぎょくよう》」に、「未曽有のことなり、天魔のなすところ」と激しく清盛を非難しています。当時の日本は、菅原道真《みちざね》の進言で遣唐使を廃止した寛平6年（894）から鎖国を保っていました。まして

や、天皇や上皇、法皇が外国人と顔を合わせることは、あってはならないことでした。

それにとらわれなかった行為は、清盛が広い世界観と優れた国際感覚の持ち主だったことを物語っています。この点においても、清盛は神戸市の先駆者と言えます。現在、湊山小学校の校舎横に建っている「雪見御所旧跡」の石碑は当時の生田神社宮司、田所千秋氏が揮毫《きごう》したものです。

清盛は日宋貿易で莫大な利益を得ただけでなく、日本文化にも大きな影響を与えました。宋から輸入したのは綾や錦などの高級織物、香料、薬品、陶磁器などの工芸品、『太平御覧』などの書籍で、それらが日本文化の水準を押し上げた功績は大なるものがあります。特に宋銭は、平安時代末期から鎌倉時代にかけて始まる貨幣経済の基礎となりました。

生田の森の合戦

清盛は治承４年（１１８０）６月頃から福原に新しい都造りを始め、京都から安徳天皇・高倉上皇・後白河法皇の行幸が行われ、福原に行宮が置かれました。11月には清盛の私邸で新嘗祭の五節が行われ、12月に京都へ還幸となりましたから、実際には約１７０日間、福原に天皇が住まわれる都があったことになります。平安京はその時点で約３８０年続いた都ですから、それを遷すのには反対も強く、想像を絶する大変な事業だったと思います。

その都造りの最中に、源頼朝が伊豆で、次いで木曽義仲が信濃で挙兵し、瞬く間に全国的な内乱に発展していったのです。反乱に対応するため清盛は京都に戻りますが、抵抗を排して都遷しを行ったのは誠に重要です。しかし、治承5年に清盛は熱病で亡くなります。

その後、一旦都落ちした平家が勢力を盛り返し、都を奪い返そうとして、神戸の地に戦陣を敷いているところを、源範頼《のりより》と義経の軍によって破られます。生田神社のある生田の森が東の木戸口で、須磨が西の木戸口です。清盛の四男知盛《とももり》と五男重衡《しげひら》、知盛の長男知章《ともあきら》が生田の森で守っているところに、源範頼軍が大手で攻めて来て、義経はからめ手で、山手から攻めてきました。

平家の軍事力は、この生田の森・一ノ谷・鵯越《ひよどりごえ》の戦いで、その中核部分が壊滅してしまいます。それによって、滅亡に至る平家の運命が決まったのです。それらの戦いの直前に、もう一度都を奪い返すものと思われていた平家ですが、残念ながら大敗を喫したことで、滅亡が決定的になりました。神戸を戦場にした源平の合戦では、義経が活躍した鵯越の戦いが有名ですが、平家の本陣は生田の森に敷かれていたので、ここでの戦いが最も重要でした。

清盛にとって予想外だったのは、文武ともに優れ、後継者と目され、時には暴走する清盛の押さえ役でもあった長男重盛が治承3年（1179）に病死したことです。これ以降、平家の運命が傾き始めたとも言えます。

翌治承4年（1180）には源頼政が以仁王《もちひとおう》（後白河天皇の第三皇子）の令旨《りょうじ》を奉じて、平家打倒の兵を挙げます。これはすぐに平家軍に征討され、頼政は敗死しますが、これが導火線となり、各地に息をひそめていた源氏が一斉に蜂起したのです。中でも大きかったのが伊豆の頼朝と信濃の木曽義仲の挙兵です。そうした風雲急を告げる中、清盛は壮絶な死を遂げました。

清盛は白河院の子

平家の祖先は平安京を開いた桓武天皇です。８世紀末に第五皇子の葛原《かずらわら》親王の皇子・高田王、孫・高望《たかもち》王らに平姓を下賜し、臣籍に降下させられたのが始まりです。そのため桓武平氏と呼ばれました。平の姓は平安京にちなんだものと思われます。

高望の孫が平将門で、天慶２年（９３９）に反乱を起こし、一時関東を支配しました。その乱の鎮圧に活躍したのが将門の従兄弟・貞盛で、乱後、その子維衡《これひら》が、源氏の勢力が強くなった関東を離れ、11世紀初めに伊勢に進出、本拠地を伊勢に移し、伊勢守に任じられます。これが平氏の嫡流・伊勢平氏となりました。

維衡が伊勢平氏の祖で、正能《まさのり》―正衡と続き、次の正盛の代で飛躍的に発展します。そして、その業績を受け継ぎ、平氏を殿上人、つまり貴族の身分にまで引き上げたのは正盛の子忠盛です。忠盛は西海の海賊の討伐で戦功を上げ、平定した海賊を家来に加えて統率し、瀬戸内海の制海権を握っていったのです。

当時、国法では外国との交易は朝廷以外、禁じられていましたが、実際には瀬戸内や九州の武士たちは大陸や朝鮮半島との交易を活発に行っていました。博多には「大唐街《だいとうがい》」と呼ばれる中国人の居留地があったくらいです。忠盛も宋の商人を相手に交易を手がけ、莫大な利益を獲得していました。

藤原摂関家から政治の主導権を取り戻そうと院政を始めた白河法皇は、藤原家が源氏と関係が深く、八幡太郎義家の武勇の声望で源氏と藤原家が勢力を伸ばすのを牽制するため、平家や一部の源氏を引き入れ、自前の武力として院の御所を警護する北面武士を新設します。中でも正盛に継いで北面武士となった忠盛は白河院に信頼され、宮廷内での地位を高めていきます。

白河院の女御であった祇園女御を忠盛は妻に譲り受けましたが、その間に生まれたのが清盛です。清盛は白河院の子であるという説もあります。父忠盛が一介の地方官にすぎないのに、清盛は12歳で早くも従五位下・左兵衛佐《さひょうえのすけ》に任じられ、その後も異例の出世を遂げます。清盛が石清水八幡宮の祭りの舞人《まいびと》になったとき、白河院はわざわざ臨席されています。これも、普通なら考えられないことで、院の子という説を裏付けるものでした。さらに18歳で四位兵衛佐《ひょうえのすけ》に昇進したのも破格のことでした。

その後、清盛は久安２年（１１４６）に29歳で安芸守に任じられ、仁平３年（１１５３）に父忠盛が58歳で死去すると、その後を継ぎ、36歳で平家の棟梁となりました。

後白河法皇と組む

白河法皇の院政を継いだのが鳥羽法皇です。久寿２年（１１５５）に鳥羽院の第九皇子・近衛天皇が崩御すると、後白河天皇が即位し、実子の即位を願っていた崇徳上皇との対立が深まります。それに、藤原摂関家の忠実・次男頼長と関白の長男忠通との対立が絡み、鳥羽院の崩御をきっかけに起きたのが保元元年（１１５６）の保元の乱です。

崇徳・頼長に付いた武士は清盛の叔父の平忠正や源為義（義朝の父）、強弓で知られる源為朝などで、後白河・忠通に付いたのが清盛と源義朝、源頼政らです。つまり、源氏も平家も肉親が両陣営に分かれて戦ったことになります。これらを裏で操ったのが後白河院の側近となった藤原信西《しんぜい》です。乱は軍事力で圧倒した後白河側が勝利を収め、頼長は殺され、崇徳院は讃岐に流されました。清盛は叔父忠正を、義朝は父為義を処刑するという悲劇を味わいます。しかし、この騒乱を機に、武力を持つ武士が政治的にも台頭することになりました。

その3年後の平治元年（1159）に後白河院側近の対立から、圧倒的な兵力を持つ清盛の熊野詣のすきを狙って起きたのが平治の乱です。

後白河天皇は皇位を二条天皇に譲り、上皇となって院政を始めていました。上皇の側近で対立したのが信西と藤原信頼です。保元の乱後の処遇に不満を持っていた源義朝は藤原信頼と組んで謀反を起こし、後白河上皇と二条天皇を閉じ込め、信西を殺しました。

しかし、急いで帰京した清盛は上皇と天皇を救い出し、義朝軍を打ち破ります。義朝は関東に落ち延びる途中で寝返った味方に殺害され、その子頼朝は清盛の義母・池禅尼《いけのぜんに》の命乞いで助けられ、伊豆に流されました。こうして清盛は源氏を制圧し、名実ともに武家の棟梁となったのです。

上皇から法皇になった後白河院は平家の力を利用して院政の強化を図り、清盛は後白河院の権威を利用して宮廷内での立場を強めていきました。仁安2年（1167）にはついに官僚のトップである太政大臣になりますが、わずか3か月で辞任します。政治は息子らに任せ、福原の整備に全力を注ぐためです。翌仁安3年には熱病を患い生死の境をさ迷いますが回復し、出家して浄海《じょうかい》と称しました。しかし、宮廷の最高実力者であることに変わりはありません。

清盛だけでなく、平家一門がことごとく高位高官に就き、清盛の妻時子の弟平時忠が言ったとされる「平家にあらずんば人にあらず」というような時代になったのです。その背景に平家の武力と、交易などによる財力があったのはもちろんですが、後白河法皇の引き立てを利用した清盛の巧みな宮廷戦略が功を奏したといえます。

日宋貿易を推進する清盛が仁安3年（１１６８）の頃、安芸の宮島にある厳島神社を平家の氏神とし、大規模に造営したのは当然のことです。安芸守の在任中、高野山の大塔修復を命じられた清盛の夢枕に、老僧が立ち「宮島の厳島神社を造営すれば、平家の子孫の繁栄は疑いがない」と告げたという話が伝わっています。

清盛はただちに造営に乗り出し、10年余の歳月と莫大な資金を投入して、今日見るような壮大で厳かで美しい厳島神社を完成させたのです。

厳島神社を造営

厳島神社の創建は古く、推古天皇元年（593）とされ、海の神である宗像三女神（市杵島姫命《イチキシマヒメ》、田心姫命《タゴリヒメ》、湍津姫命《タギツヒメ》）が祀られています。厳島は市杵島《いちきしま》がなまったもので、海に生きる人々の信仰を集めていました。この厳島神社を平家の氏神とすることで、清盛は瀬戸内海の人々の信仰をも取り込んだのです。

清盛は生涯に6度も厳島神社に参詣しており、平家一門もこれに倣《なら》っています。承安4年（1174）には後白河法皇が、治承4年（1180）には高倉上皇が、多くの廷臣を従えて参詣されています。

海上に浮かぶ寝殿造りの本殿をはじめ国宝に指定されている建物群は11棟もあり、海中に建つ大鳥居などの重要文化財は8棟、6基あります。一つの神社でこれほどの貴重な建築物を有するのは、厳島神社が全国の筆頭ではないかと思います。

宝物殿に納められている国宝・重要文化財の中で圧巻は「平家納経」という、巻物に描かれた絵とお経（法華経、阿弥陀経、般若心経）です。平家一門の男女が分担して写経した33巻の経典で、表紙の見返しの部分には、華やかな絵が描かれています。全体に金色を主体として、群青・緑青というきれいな青色・藍色を加えて、夢幻のような美を漂わせています。私も12巻ばかり見る機会があり、平家の芸術文化の高さが偲ばれました。

この厳島詣でをするために、瀬戸内海を東から広島湾に入れるよう、清盛が開削したのが「音戸《おんど》の瀬戸」と呼ばれる海峡です。今の広島県呉市の本州と倉橋島（音戸町）の間にあり、幅は90メートル。かつて、この瀬戸は狭い上に浅瀬が多く、大型船は通りにくかったのです。清盛はここにも莫大な資金を投じ、永万元年（１１６５）に開削に成功しています。

この時、清盛は工事を急がせるあまり、沈みいく太陽を扇で招き返したという伝説が残っています。現在、音戸の瀬戸を見下ろす丘の上に、清盛の「日招像《ひまねきぞう》」が建っています。

音戸の瀬戸の開削は単に厳島詣でのためだけでなく、大型の宋船も航行できるようにする大プロジェクトの一環だったのです。

気宇壮大で優しい清盛

平清盛は極悪非道な大入道というイメージがありますが、その実像は、日宋貿易の振興を目指して大輪田泊を築造し、音戸の瀬戸を開削して瀬戸内海の航路を開いたような気宇壮大な人物で、厳島神社の造営や平家納経に見られるような美術を愛する感性を持っていました。鎌倉中期の説話集『十訓抄《じっきんしょう》』にも「他人への思いやり、人の心を感じさせる人である」と記されています。

神戸市兵庫区にある清盛塚の清盛像は穏やかな表情で、海に向けて両手のひらを丸くして差し出し、海への感謝を表しているかのようです。

京都・東山の六波羅蜜寺にある清盛像も、痩せぎすで細面の老人が経典を開いている姿で、脂ぎった大入道からは程遠いものがあります。

平家納経の願文からは、「弟子清盛、敬って申します。……この世の望みはかなえられました。この上は極楽往生の道を」（原文は漢文）と、神仏に深々と頭を下げる清盛の姿がうかがえます。清盛とはそんな人物だったのです。

ですから、平清盛悪玉説は、『平家物語』や『源平盛衰記』『義経記』などの物語本によって作られた虚像であり、実像とは異なると思われます。

幕末の神戸開港と生田神社

大政奉還の前後、大きな外交課題になったのが兵庫（神戸）の開港です。欧米列強の圧力を受けた江戸幕府は安政６年（１８５９）、箱館、横浜、長崎を開港しました。神戸の開港が遅れたのは、近くの京都に天皇がおられ、外国人嫌いの朝廷が抵抗したからです。神戸開港は慶応３年（１８６７）12月７日で、条約により外国人居留地を造らなければならなくなりました。

当時、古くから栄えていた隣の兵庫には既に家が2万から3万戸あって必要な土地がなく、西の大輪田泊は遠過ぎて、なかなか決まりませんでした。その時に、生田神社の後神《ごこう》神主が、「当社の門前に造ればいい」と提案したのです。普通なら、古くから続く神社の門前に外国人居留地を造るなど考えられないことですが、後神神主はよほど先進的だったのだと思います。

新開地の神戸村は生田神社の周りに田んぼが広がり、当社に奉仕する神戸が住む小さな集落で、居留地を造成するに足る敷地がありました。また、西国街道が通り、船入り場もあって、江戸時代末期には勝海舟が海軍操練所を設置した場所でもあったことなどから、居留地を神戸村に設けることが決まったのです。

生田川はよく氾濫したので、外国人の苦情を受けて、材木商や廻船、舟宿を営んでいた加納宗七《そうしち》が、明治4年から4年間で川を付け替えて、そのあたりは加納町と名付けられました。

居留地にはオランダ領事館も設けられ、神戸は国際港都として急速に発達しました。海外との文化交流に刺激され、神戸で数多くの日本初のものがつくられ、ことが行われるようになります。明治元年には、居留地東北部の砂地でクリスマスの催しとして西洋式の競馬が行われ、2年には生田神社の東に競馬場が建設され、4年にはポニーによる国際競馬が行われています。

面白いのは、帝国ホテルの設計などで有名なアメリカの建築家フランク・ロイド・ライトが明治38年に来日した折、生田神社を撮影していたことです。阪神・淡路大震災後間もなく、ライトの研究をしている建築史の谷川正己・元日本大学工学部教授が、シカゴの自宅にあったアルバムの中から発見しました。

ライトは、横浜から箱根、名古屋、京都、神戸、岡山、高松、日光を観光し、55枚の写真を撮っています。その中の５枚が神戸らしいので見てほしいと頼まれ、私はシカゴへ行きました。見ると、１枚は兵庫大仏や平清盛の廟所のある能福寺で、後の４枚は生田神社の写真でした。

写真には本殿前にガス灯２基が写っており、私は伝統を重んじる神社に西洋のガス灯があったことに感激しました。神戸では横浜に続く明治７年（１８７４）、外国人居留地にガス灯が登場しています。当社のガス灯は居留地外で普及した明治27年（１９８４）から電気に変わるまでの十数年間、境内を照らしたと思われます。平成17年（２００５）には、ライトの訪日百周年を記念し

フランク・ロイド・ライトが撮影した生田神社

て写真集がアメリカで発刊され、生田神社の写真も収められました。

ポルトガルの初代神戸総領事になった元海軍士官のモラエスが徳島生まれの芸者ヨネと明治33年（1900）に結婚式を挙げたのも生田神社で、そのことは藤原正彦お茶の水女子大学名誉教授が父・新田次郎との共著『孤愁　サウダーデ』（文藝春秋）に書いています。同書には「神戸ではこのころ既に生田神社で神前結婚をする者があり、たまたまこれを見た外国人が神秘的な結婚式と評したことがあった。このころの生田神社では休憩所に祭壇を設けて結婚式場としていたらしい」とあります。

日本初の神前結婚式は明治33年、当時の皇太子殿下（後の大正天皇）と九条節子姫（後の貞明皇后）の宮中三殿でのご成婚に始まり、その後、東京大神宮（日比谷大神宮）で儀式を整備し、神前結婚式が創始されたと言われていますが、それより早く生田神社で神前結婚式が行われていたようです。

明治以降、神戸が日本最初とされるものは、洋服、洋菓子、洋家具、マッチ、ゴム製品、ラムネ、コーヒー、パーマネント機、帽子、ソース、ゴルフ、サッカー、ボート、マラソン、映画、水族館、ジャズなど多数あります。ラムネはビンを開ける時にポンという音がしたので「ポン水」と呼ばれていました。ゴルフは明治34年に、イギリス人の茶の貿易商グループが、友人と六甲山上に4ホールのゴルフ場を造っています。

比較的新しいものでは、シアトルから入って来た市役所前の花時計、有線放送、生活協同組合、スーパーマーケット、ケミカルシューズ、地方博覧会、海上文化都市、ファッションタウン、ポートライナーの新交通システム、神戸ルミナリエがあります。

近年では、神戸ポートアイランドにある理化学研究所計算科学研究機構でスーパーコンピューター「京《けい》」が本格稼働し、研究機関や企業が利用しています。さらにスパコン京の後継機として開発され、令和3年（2021）から本格稼働している「富岳《ふがく》」はスパコンの性能ランキングで、2部門で5期連続世界一になっています。

白瀬南極探検隊に生田神社の神職が参加

コロナ禍と南極

令和元年（2019）末から、全世界が中国・重慶発の新型コロナウイルスに侵され、人々は自分が感染しないかと日々恐れおののいています。感染していない地域は孤絶された南極大陸くらいでしょう。

思い出されるのは、懇意にしていた作家・小松左京の初の長編SFが、ウイルスによるパンデミックを描いた『復活の日』（角川書店）だったことです。イギリス陸軍細菌戦研究所から持ち出された猛毒の新型ウイルスが世界に拡散し、生き残ったのは、南極大陸にいた各国の観測隊員約1万名と、海中にいた米ソの原子力潜水艦の乗組員だけというのが物語の始まりです。

コロナ禍の中、読んだ本で、何と私が奉仕してきた生田神社の神職・島義武が、わが国最初の南極探検隊に参加しているのを知りました。白瀬矗《のぶ》隊長以下27名の探検隊の事務長を務めた生田神社主典・島義武を、昭和5年（1930）に彼が著した『南極探検と皇大神宮の奉斎』に沿って紹介しましょう。

白瀬中尉の壮挙

日本人初の南極探検で知られる白瀬矗中尉は文久元年（1861）、秋田県由利郡金浦《このうら》村（現在の金浦町）に浄土真宗浄蓮寺13世住職、白瀬知道・マキエの長男として生まれました。幼名は一千代、後に知教《ちきょう》と名乗り、白瀬は寺子屋の師、蘭学者の佐々木節斎から北極の話を聞いて探検家を志すようになります。陸軍教導団騎兵科を卒業し、陸軍輜《し》重《ちょう》兵伍長、下副官に進み、予備役になると、児玉源太郎の助言で千島探検を志し、2年間越冬、過酷な状況を体験しました。日露戦争で召集され第8師団衛生予備廠《しょう》長となり、黒溝台会戦に参戦、陸軍輜重兵中尉に進級しています。

明治42年（1909）、アメリカの探検隊が北極点を踏破したことから、白瀬は目標を南極に変え、翌年に南極点到達を目指すイギリスのロバー

白瀬矗中尉

島義武事務長

ト・スコット隊と競争することを決意。費用補助を帝国議会に建議し、衆議院は満場一致で可決しましたが、成功を危ぶんだ政府は3万円の補助金を支出しなかったので、白瀬は渡航費用14万円を国民の義援金に頼ることにします。

明治45年（1912）1月16日、白瀬隊は南極大陸に上陸し、その地点を「開南湾」と命名、1月28日には南緯80度5分の地点に到達し、一帯を「大和雪原《やまとゆきはら》」と命名しました。これに参加した島は「南極北極両極を探検して、前人未発の智聞を世界に伝えることは、至極危険な仕事ではあるが、男子として勇壮にして豪快な事業といわねばなりません」と述べています。

当時、最も名高い南極探検家はジェームス・クックとジョージ・ロースで、クックは18世紀末、ロースは19世紀半ばに南極探検を決行してました。それ以来南極大陸が注目され、世界の地理学者や探検家の冒険心を掻き立てるようになりました。1912年までに約22回の南極探検が競われ、イギリスのスコット隊は連日の大吹雪と食糧不足で隊員4名が餓死するという大惨事を起こしています。

こうした中、日本初の南極探検隊である白瀬隊が、南極の最終到達点に、氏名を記入した銅製の缶を雪中深く埋設し、日章旗の下に領土占有式を行ったのは明治日本の壮挙と言えます。それまで南緯80度圏内に入ったのはノルウェーのアムンセン大佐、イギリスのスコット大佐とシャックルトン中尉だけで、フランスのシャルコー博士とドイツのフィルヒネ中尉、アメリカの探検隊は南緯70度圏内で引き返しています。

木造帆船の開南丸

日露戦争後の日本は、大国ロシアに勝ったことで、国民の間に奢侈《しゃし》と安楽の風潮が生まれていました。これを憂えた明治天皇は乃木希典《のぎまれすけ》を学習院院長に就任させましたが、白瀬は南極探検により国威を発揚し、国民精神を奮起させようと考えたのです。

隊員27名のうち、野村船長以下船員14名は海上隊で、白瀬隊長、武田学術部長ら12名は陸上隊、島は海上隊の事務長を務めました。

どの探検にも先立つものは経済で、古来、幾多の探検家が途中で挫折した大きな原因は、経済上の不備か食糧不足、用品の欠乏でした。白瀬が唱えた日本人初の南極探検は全国民の熱烈な賛同を呼び、南極探検後援会が組織され、会長に大隈重信が就任しました。

次の問題は人選と用船の確保で、船は海軍省から軍艦磐城《いわき》を一時借用する予定が取りやめになり、かつて千島探検に使用された204トンの木造帆漁船を買い取り、中古の蒸気機関を取り付けるなど改造を施しました。同船は、乃木大将と共にこの壮挙に賛同した東郷平八郎が「開南丸」と命名。余裕のない予算で27名の食糧や探検用具、防寒具などを準備するのに島は苦労しています。測量器と寒暖計は南極の寒気に耐えるものをそろえました。

隊員の選抜では、大隈重信の指名で6名の幹部が決まり、次に20名の下級隊員を選定しました。同年5月下旬の新聞報道以来、隊員希望者が相次ぎ、次のような資格で募集しています。無病壮健

開南丸

で身長１５７・６センチ、体重60キロ以上、独身で養うべき家族・親族がなく、多少の資産があり、無報酬で献身的に探検事業に尽くす決心をした者。年齢は約17歳から46歳に及び、梅干しの種をかみ砕く強い歯を持つ一団でした。神戸の神職の家に生まれ生田神社に奉職していた島もその一人です。

伊勢皇大神宮に祈願

明治43年（１９１０）11月29日午後２時、開南丸は大勢の見送りを受け芝浦埠頭を出港しました。同日午前５時、隊員は斎戒沐浴《さいかいもくよく》して身を清め、祖国への決別式を挙げるため宮城二重橋前に平伏し、大宮を伏し拝んで奉告文を朗読、聖寿万歳をしています。

大洋の怒涛は想像以上のすごさで船腹を襲い、船旅が初めての島は「全く死人同様になって」しまいますが、「しかし、もう弱音は吐かれぬ。下世話にいう所の、乗り出した船とはこの事と、今更ながら思い知った」と述べています。神職の島は、そうした気持ちが起こるたびに海水でうがいし、伊勢皇大神宮に三拝九拝の祈願をしています。

海原はるか漕ぎ出すにつれ、怒涛は山をなして襲い、貨物を満載した小型の開南丸を翻弄します。船に不慣れな島は船酔いし、大病人同様になって10日間、一滴の水も粥ものどを通らず、飲まず食わずの寝室の人となりました。

館山出帆後15日目にドイツ領マラリア群島のアザンプション島を見たのみで、ほかの島は目にしませんでした。南洋の颶風《ぐふう》は毎日のように襲来し、ひどく悩まされました。いよいよ赤道直下になると、全くの無風で、帆船の開南丸は一歩も前進できません。開南丸の補助機関は極めて小規模で、石炭を1時間焚いて全速力を出しても、2カイリ半しか航走することができなかったのです。

苦心に苦心を重ね丸裸で赤道地獄の航海を続け、明治44年（1911）の元旦に赤道直下に達したので、屠蘇《とそ》を酌んで聖寿万歳を祝福しました。思いがけない災難は暑さに慣れていない樺太犬の斃死《へいし》で、1頭を残してことごとく死んでしまい、25回もの水葬式を行いました。品川出帆から約70日後の2月7日、イギリス領ニュージーランドの首都ウェリントン港に着きます。

2月11日の紀元節にウェリントンを出帆し、南極の最北端に進路を取りましたが、相変わらず怒涛は高く、悪季節に向かう上に、極地に近づくにつれ寒気が増す風に苦汁をなめました。海図も不完全で暗礁がどこにあるか分からず、誠に危険でした。山なす怒涛に木の葉のように翻弄されながら、２月28日午前零時に南緯62度32分、初めて南極洋上の流氷に出くわします。その後は毎日、数十の氷山に遭遇するようになり、危険水域に入ったことを知ります。まさに悪魔で、これに衝突すると、いかに堅牢な軍艦や商船でもたちまち粉砕されてしまうので、機関を運転して流氷を回避し、万全を期しました。

何とか無事に難所を突破し、南緯70度圏内のロース海に入りました。ロース海の巨濤は12メートル以上もあり、開南丸は山の上に浮かんだと思うと、たちまち谷間に沈み、激しく動揺

隊員らの集合写真。島は最後列左端

します。甲板が凍り、安全に歩行できないので、石炭の焚き殻を散布し、縦横に綱を張り巡らせて墜落を防ぎました。

この頃になると一日中夜で、流氷の有無も分からず、この危険な水域を無難に通り過ぎたのは、とても人力ではありません。隊員たちは上甲板に出て神仏に航海の安全を祈願し、あるいは防寒服に身を固めて必死に流氷を凝視し、寝室で安眠するものは一人もいません。零下45度以下なので甲板上にいるのは20〜30分が関の山でした。

最も難航が続いたのは3月9日から14日までの6日間で、浮流してくる無数の流氷を右に左によけながら前進した開南丸の運命は、実に風前の灯もただならないほど。探検向けの船は船底が平らで浅いのですが、開南丸の船底はつぼ型で、周りを氷に張り詰められると次第に沈没するか、氷の圧力で破壊されるかでした。そんな船で南緯70度圏内を突破したのは、ひとえに神助《しんじょ》と言わねばなりません。

南溟万里《なんめいばんり》の異郷に、設備も不完全な小船で半年の航海を敢行し、怒涛に揺られ、流氷に衝かれ、猛烈な吹雪が襲来する険悪な気候の中、開南丸はついに進退の自由を失いました。船体の各所から汚水が侵入し、帆船の生命である帆柱も1本折られ、船首帆架も切断され、鉄索２、３本も切り去られるなど多大の破損を受け、これ以上の突進は不可能となりました。

満身創痍の開南丸を乗員の元気で操縦しても、いたずらに危険を冒すにすぎず、南極到達に貢献するものではないので、一時の冒進を見合わせ、他日の実行を図ることを決め、3月14日、南緯74度16分コールマン島を近くに眺めながら、一時退却します。目前の南極大陸に別れを告げる27名の隊員たちの無念は言い知れないものがありました。

大和雪原

開南丸はオーストラリアのシドニー港に行くことを決め、5月1日にシドニーのジャクソン湾に入港しました。そこで船体をドックに入れ、５５００円を投じて修理することになり、資金調達と報告のため、野村船長と多田隊員が日本に一時帰国します。

それから7か月間、シドニーでテント生活を強いられた隊員は、航海中よりも一層厳しい飢餓に見舞われます。航海中に発病した者、神経衰弱の者など回復の見込みのない5名は日本に送還。品川出港からこの方、一度も入浴せず、着の身着のままで休養もなく、島は臼歯を2本失い、頭は白髪が激増するほどで、病人が5名だけだったのは不幸中の幸いでした。

やがて暖かくなり、海氷も溶けてきます。資金を作った野村船長は学術隊員を伴って帰り、7か月の休養で元気を回復した一行は、再び南極探検の道に就きます。ジャクソン湾を出港したのは明治44年（1911）11月19日、今回は極地に直行するのを見合わせ、まず東大陸と沿岸の測量を企画しました。大隈重信会長の命令は、南極地点に日本国旗を翻すのは二の次にして、まず南極大陸の沿岸を精細に測量調査し、年内に帰朝せよとのことでした。

前回と異なって気候も良く、海面は穏やかで風波も立たず、陽光輝く昼だけの日々で、気温は零下12度くらい、瀬戸内海を周遊するような心安さでした。夜が全くなくなったのは12月29日で、その3日後が明治45年の正月でした。用意したもち米で餅をつき、お屠蘇で祝って日本国万歳を唱えました。昨年の元旦は赤道直下、素裸で雑煮を祝ったが、今年は防寒服に身を包み、大氷山に囲まれて盃を挙げました。今回の航程に夜は1日もなく、帰路に就いた翌年3月18日まで引き続き夜なしでした。

流氷は前回より少なかったのですが、南進するにつれて次第に多くなります。明治45年1月13、14日頃には氷山に包囲されて進退が極まりますが、16日までに何とか脱出することができました。氷の堤は厚さ６００メートル、重さ７００トンもあり、大氷原と雪原が広がり、この海岸から南極まで約２４００キロで、そりを使っていかなければなりません。沿岸を探索しながら上陸地を探して東に進みますが、適当な場所は見つからず、1月17日、南緯78度35分のクジラ湾に達しました。すると1隻の帆船が停泊しており、名高い探検家アムンセン大佐を乗せたフラム号でした。訪問したところ、大佐は南極に突進中で不在。十数年の苦心を重ね、イギリスの皇室費50万円で建造されたフラム号は理想的な帆船で贅を極め、わずか2万円、１５０トンの開南丸とは雲泥の差でした。

氷堤の左翼に足場を造り、1月19日に荷揚げをしましたが、20日に来襲した風波で荷揚げした物資や命綱の食糧がさらわれてしまいます。かろうじて次の足場を見つけ、白瀬中尉以下6名の上陸隊は氷堤に足跡を踏みつけました。

郵船会社便の熊野丸で運ばれてきた樺太犬30頭をはじめ、そり、食糧、防寒服、学術機器などを陸揚げし、氷上にテントを張って根拠地としました。本隊は犬ぞり2台に食糧などを乗せ、アイヌ人の御者に犬を引かせ、いよいよ南極東大陸に向けて氷原を滑り出したのです。

行く手は見渡す限り真っ白な氷原で、吹き付ける烈風は寒気を呼び、幾重もの防寒服で身を包んでも、体は凍結しそうでした。勇気を振るって大陸目指し疾走するも３日目の１月22日、猛烈な吹雪に遭遇。さえぎるもののない氷上に突如襲来する吹雪は恐怖で、視界は閉ざされ、進退窮まります。イギリスのスコット大佐一行が遭難したのも、南極点からの帰路、吹雪に閉じ込められたからとされます。

大吹雪に苦しめられながら一行は東へと進みますが、とうとう食糧が尽きます。白瀬隊一行はそこを日本探検隊の最終到着点と定め、後援者の芳名を記した銅製の箱を雪中深く埋め、その上に日章旗を立て、そこを大日本帝国の領地と卜定《ぼくじょう》し、天皇陛下万歳と南極探検隊万歳を唱えました。南緯80度５分、西経１５６度37分で、その地点を大和雪原と命名。明治45年（１９１２）１月28日で、一行はそこに３日露営し、31日に引き返しました。

したわしの山

一方、島らは池田農学士と別動隊を組織し、開南丸で東方２５０カイリ余のエドワード7世州沿岸を測量し、５日目の1月22日、海岸近くにそびえ立つ山領を発見しました。山腹から岩石が露出し、土肌が黒く見えているので陸地と確信し、鉱石を採集するため投錨し、大隅湾と命名したのです。

ここで2隊を編成し、島は多田ら4名で山を目指し出発しました。見た目には5～6時間で到達できそうでしたが、思ったより遠く、途中に氷川があり、川幅は3～4メートルで、狭いところは雪に覆われ、ところどころ切裂し、表面は狭いが、下にいくにつれて広がり、極めて危険でした。アイヌ人の一人は雪で分からず裂け目に落ち、ようやく助け上げられています。島らは麻綱で互いの腰を結び、樫の棒で探りながら進んでいきました。

吹雪の中、4名が声をかけ合い、助け合いながら前進すると、神戸の鷹取山ほどの高さで、翌日の午後、やっと山腹にたどり着きます。ここで探検目的の一つである鉱石を採集した後、日本領土の記念として、今回の探検行を加護した皇祖伊勢神宮の大神を奉斎し、全山を神が宿る神奈備《かんなび》としました。

まず水筒瓶に、探検隊一行が無事に南極に上陸できたことの報賽《ほうさい》（お札）として、ここに皇大神宮を奉祀する旨の記録を封入し、島は母国出発以来、肌身離さず持っていた伊勢皇大神宮の御神符と、松木男爵から授かったものを雪中に埋蔵しました。この御神符は明治天皇の御衣をもって、大隈重信夫人手作りの真綿の襦袢《じゅばん》の襟元に縫い付けていました。

その時の高揚した気持ちを島は次のように記しています。

「あゝ、祖国を距《ひだた》る幾万里、人影だになく物の響も聞えぬこの寂寞たる雪の広野に、孤影跪伏神助を感謝して瞑目黙祷する厳粛の気分は、とても、自分以外には味想し得ないであろう。…かの白瀬隊長等の上陸隊一行が占領式を行った地点は、実は南極南大陸の間にある氷堤上であって、時あって漂流せぬとも限らぬが、自分等の御神符を奉斎した処は確かに陸地で、山上で、永久不滅の土地である。一行四人は、この山地を究めた記念として、島、多田、渡邊、柴田の四人の姓の頭字を集め、『したわしの山』と命名した。あわれこの『したわしの山』よ、今もなお千古の謎を包みて、孤影兀《こつ》として淋しい南極の地に、日本人したわしと、我等同胞の再来を待ち受けておるであろうよ。あゝ別れて十年近し、思い出づるも『したわしの山』よ」

島らが調査し、「大日本南極探検隊沿岸隊上陸記念標」と書いた木の柱を立てたのは、第１次スコット隊が１９０２年に海上から眺め、命名したアレキサンドラ山脈で、同隊は上陸はしていません。実際に上陸し、山に登り、岩石を採集し、写真を撮ったのは島らの隊が最初です。

横浜港に帰着

開南丸はクジラ湾の上陸地点近くに帰航すると、心配していた白瀬隊長らの上陸隊は無事、大和雪原から帰っていました。氷壁高く国旗を振る上陸隊員の影が見え、嬉し涙が隊員の頬を伝わりました。白瀬隊が登攀《とうはん》した氷堤は既に流失しており、上陸する隊員は前に横たわる氷堤に足場を刻んで登ったのですが、それらの氷堤も流氷となって消え、今は断崖絶壁となっていました。

絶壁の上から白瀬隊長ら６人の隊員をやっとのことで船に収容しましたが、一行を南緯80度の奥地に導いた功労者である30頭の犬は収容する方法がなく、氷堤上に置き去りにするしかありませんでした。２月に入ると天候の悪化は激しく、開南丸は７０００カイリ北方の母国を目指し、南極に別れを告げました。

3月23日にウェリントンに寄港して食糧を積み込み、再び赤道直下を北航、途中、小笠原父島に仮泊したのみで、6月19日、横浜港に帰着したのです。

その後の白瀬と島

白瀬隊を乗せた開南丸は明治45年（1912）6月20日に出発地の芝浦に帰還。約5万名が出迎え、夜には早大生を中核とした学生約5千名が提灯行列で壮挙を祝しました。南極へ出発する当初、「小さな漁船で南極へ向かうのは無謀」などとの批判や嘲笑がありましたが、白瀬ら全員が帰国したことで国中が歓喜に沸いたのです。

白瀬隊の測量記録や採集した鉱石、動植物の記録などは貴重な学術的資料でした。サンフランシスコ講和条約で国際社会への復帰を果たしてからわずか6年後、昭和32年（1957）からの国際地球観測年を機に始まった南極観測において、「日本にその資格はない」と反対するオーストラリアなどの反対を抑え、日本の参加が認められる根拠の一つとなりました。

白瀬や島らが南極探検を思い立ったのは、日露戦争後の安楽で軟弱な気分を一新し、日本を列強に伍する国とするためでしたが、日露戦争の戦費も借金で賄わなければならなかった日本は、ロシアから賠償金を得ることもできず、国家財政の破綻で探検費を支出することがかなわず、白瀬は莫大な経費を国民からの募金に頼らざるを得ませんでした。

さらに帰還後の白瀬を襲った不運は、後援会が集めた資金を浪費していたため、約４万円（現在の約1億５０００万円）が個人の借金となったことです。白瀬は財産を処分し、南極の実写フィルムを上映しながら、娘と共に国内をはじめ台湾、満州、朝鮮半島を講演して回り、20年をかけて弁済を果たしました。ここに国に対する責任感の強い明治人の気質を感じるのは私だけではないでしょう。

一方、島は生田神社に復職しましたが、南極探検についてほとんど公言せず、神職としての仕事を誠実に務めました。そのため島の功績は生田神社内においてもあまり知られず、後に上梓した著作により、初めてその全貌を知ることができたのです。その生き方は白瀬に通じています。

島が著作の執筆を決意した動機は、個人主義に流れる青少年たちに、世界に向かう気概を喚起することでしたが、戦後78年を経過した今日の日本も、危機を強める国際社会の中で、国民は内向きの性向を強めています。私は島が生まれ育った神戸においても、白瀬隊の壮挙を顕彰し、国と世界を支える国民精神を高めたいと考えています。

第2章　明治の国づくりと神道

光格天皇が拓いた明治維新への道

上皇陛下のご指示

私は毎年、正月に「光格天皇御即位礼式絵図」を掲げていますが、平成29年（2017）はとりわけうるわしく眺めたものです。1月24日付産経新聞には、上皇陛下が平成22年頃に生前譲位のご意向を示された当初、最後に譲位された光格天皇の事例を調べるように宮内庁に伝えられたとあります。同年10月21日の読売新聞朝刊にも「天皇の退位は1817年の光格天皇以来約200年ぶり」と、「光格天皇以来」が枕詞のように報道されていました。

上皇陛下は平成28年8月8日、「象徴としてのお務めについて」とされる11分のビデオメッセージを発表され、ご退位のご意向をにじませられました。宮内庁はその全文を公表しています。

それは天皇の生前退位を認めていない現行の皇室典範に抵触し、憲法の問題も絡んで論議を呼びました。しかし、世論調査等では国民の圧倒的多数が退位を支持し、結局、平成

29年6月9日に成立した「天皇の退位等に関する皇室典範特例法」の附則第1条により、現天皇に限り退位が可能になりました。そして平成31年4月末日の退位が決定され、退位後の称号は上皇と決められましたのも、光格天皇（上皇）以来のことです。

上皇陛下が平成22年（２０１０）秋頃、宮内庁に光格天皇についての調査を求めたことが新聞記者らの間で話題になり、歴史をたどると生前退位が２００年前の光格天皇の譲位であることが知られるようになりました。

上皇陛下は退位後の光格上皇のあり方についても強いご関心をお持ちで、その調査を求められたと言われています。こうして光格天皇は、図らずも埋もれていた歴史の片隅から呼び出され、にわかに脚光を浴びることになりました。その後、私の所蔵する「光格天皇御即位礼式絵図」も、皇學館大学神道博物館の特別展「即位礼と大嘗祭」に提供しました。

現天皇家は実は光格天皇から始まる血統を引き継いで来られました。江戸時代は皇位を天皇である父親から実子へと嗣いできましたが、光格天皇は先代の後桃園天皇の実子ではなく、閑院宮という宮家のお生まれで、天皇の養子になられて皇位に就かれました。光格天皇から仁孝、孝明、明治、大正、昭和と嗣いで今上陛下に至っています。つまり上皇陛下は光格天皇から始まるお血筋です。このように光格天皇と現天皇家とは深いご縁を持っておられるのです。

また光格天皇のご在位が38年というのは、江戸時代はもとより歴代でも異例の長さです。ご在位中はさまざまな朝儀や神事を再興、復古されることにより、朝廷の再興に努められ、そのためには江戸幕府に強い姿勢をとり、時には軋轢《あつれき》を起こしながらも奮闘されました。その結果、天皇・朝廷の権威が高まり、幕末になると孫に当たる孝明天皇が高い権威を帯び、幕府と反幕府勢力の双方から担がれ、政治の頂点に浮上したのです。

諸政治勢力による激しい政治・軍事闘争は、明治維新により近代天皇制を生み出すことに帰結しました。したがって、光格天皇は明治維新、近代天皇制の起点となった重要なお方と言えます。

朝儀と神事の再興

光格天皇のご在位中で特筆すべきことは、朝儀および神事の再興・復古です。始められたのは天明6年（1786）頃からで、天明の大飢饉がピークを迎えていた時期です。それだけではなく、天変地異が相次ぎ、幕府政治も混乱し、混沌とした状況が生まれ社会不安が高まっていました。飢饉のため万民は過酷な政治に苦しみ、天が幕府の不徳を憎んで災害をもたらしたとして、謀反の勃発も予測されていました。天明７年６月、光格天皇が幕府に窮民救済を要請されたのは、このような意識からかもしれません。

内裏造営をめぐる交渉のなかで、幕府側は天皇の窮民救済要請を「生民困窮御厭い《せいみんこんきゅうおいと》」と表現しています。また同年11月の大嘗会の折、将軍徳川家斉に向けて詠まれた御製「民草に露の情けをかけよかし　代々の守りの国の司は」は、民の平安をひたすら祈る「御仁恵《ごじんけい》の御製」として民間に流布しました。

光格天皇は寛政12年（１８００）８月に石清水八幡宮と賀茂社（上賀茂神社と下鴨神社）の臨時祭復興の叡慮を表明されました。その「宸筆《しんぴつ》御沙汰書」で光格天皇は「不肖不徳であるが、上は天照大神をはじめとする神々と天皇家の先祖や仏の陰からの庇護により、また、関白や幕府の文官・武官の補佐により在位し、万民の豊楽と安穏を願い祈ることを務めとする」と述べておられ、ここから天皇意識の強さを読みとることができます。

光格天皇は歴代天皇の中でも皇統意識の強い天皇で、般若心経や阿弥陀経などの写経、阿弥陀仏の名号を書かれたあとに「神武百二十世兼仁《ともひと》掌三礼」や「大日本国天皇兼仁合掌敬白」と自署され、神武天皇から数えて第120代という連綿たる皇統に連なる「大日本国の天皇」という意識を表明されています。

光格天皇が天明6年11月21日に再興された新嘗祭は、その年に収穫された新穀を神に捧げるとともに自ら召し上がり、五穀豊穣を祈られる神事です。朝廷の最も重要な祭祀であるる新嘗祭を、神嘉殿において天皇が親祭する本来の形で行われた天皇の意思がうかがえます。新嘗祭の単なる再興ではなく復古でした。右大臣の一条輝良は「頗《すこぶ》る下万民の人まで大変に喜ばしく思っている」と、新嘗祭の再興を歓迎する記事を『輝良公記』に書いています。

中断されていた大嘗祭はできるだけ古い形式で再興されました。17世紀の貞享以来の大嘗会から変更された第一は、大嘗会に供える新穀を献じる土地（2か国）を定める国郡卜定《ぼくじょう》を、8月から古来の4月に戻したことです。そして、大嘗会抜穂村《ぬきほむら》を「近江国志賀郡・野洲郡、丹波国桑田郡・氷上郡のうちから吟味すべし」と命ぜられ、4月28日に国郡卜定が行われました。卜定とは亀の甲による占いです。

第二は、高御座《たかみくら》（玉座）で、関白は５月５日に武家伝奏に、近来は豊明節会《とよあかりのせちえ》のみ高御座を設けているが、このたびは旧儀のように、辰と巳の両日も悠紀殿《ゆきでん》、主基殿《すきでん》御帳に設けることにし、そのため高御座に継壇《つぎだん》の必要なことを指示されています。

第三は五穀豊穣を祈る田舞の再興です。

大嘗会の時に光格天皇が詠まれた御製が、万民の安穏を祈る和歌として民間で評判になりました。それが「身のかひは何を祈らず朝な夕な　民安かれと思ふばかりぞ」です。

和歌の達人

江戸時代の天皇にとって和歌の修学は重要でした。天皇が身に付けるべきは「芸能」で、その第一は学問、第二が管弦、和歌はその他の一つとされています。学問が第一なのは、学ばなければいにしえからの道理を明らかにできず、それなしに天下に太平をもたらすことはできないからです。

管弦とは音楽のことです。光格天皇は16歳で学問を志され、併せて和歌と管弦の集中的教育と鍛錬が天明４年（１７８４）から６年にかけて行われています。

9歳で践祚《せんそ》された光格天皇は翌安永9年（1780）12月に即位礼、その翌同10年元旦に11歳で元服され、天皇としての御活動が始まりました。同月24日の歌会始に、御製「幾千代もわが九重にさかへゆく　台《うてな》の竹のいろはかはらじ」と詠まれ、これが光格天皇の禁裏歌会のデビューと言われています。

光格天皇にとって身に付けるべき最も重要な芸能は和歌であり、優れた宮廷歌人から集中的に和歌教育を受けられ、鍛錬されました。この光格天皇への「御内会」という和歌会による集中的な教育と鍛錬は、公家たちに和歌修練の必要性を再認識させたようで、寛政10年（1798）に禁裏では100回以上の歌会が行われました。頻繁に開かれたのは歌会だけではありません。管弦の会は禁裏の御楽会で、笙《しょう》、笛、琵琶、箏《こと》、太鼓などで天明3年（1783）2月20日に「御楽始」に御所作始があり、箏の所作があり、光格天皇の御楽会のデビューでした。

光格天皇は寛政3年（1791）3月28日の禁中御楽始では笙と笛を吹いておられます。寛政9年5月19日には「御琵琶始」を行い、西園寺前右大臣賞季《さねすえ》を師範とすることが発表され、5月26日に小御所での御楽会で琵琶を披露されました。この後、小座敷や小御所での御楽会などで笛や琵琶を演奏されています。このように光格天皇は、箏・笙・笛・琵琶の四つの楽器を自身で演奏され、盛んに内裏御所で御楽会を催されました。そして多数の楽器や楽譜も残されています。

このように、上皇陛下が譲位されるに当たり、お手本とされたであろう光格天皇は、あらゆる面で模範とすべき名君であられたのです。

津和野教学と神道による国づくり

天皇を中心に近代国民国家を

幕末・維新の混乱のなか、明治日本の国づくりが大局的に見て成功した大きな要因は、天皇を中心にした近代国民国家の形を早期に整えることができたからだと言われます。興味深いのは、その分野で最も貢献した山陰の4万3千石の小藩、石見国《いわみのくに》津和野藩です。

従来の維新史は薩長土肥が主役の政治史です。勿論、明治維新に対する薩長土肥の貢献は大なるものがありますが、それは主として政治、外交、軍事、経済においてです。しかし、国づくりで重要なのは国民が拠って立つところの精神であり、それが広く国民に共有されることです。現代風に言えば日本人としてのアイデンティティーとなります。

当時、日本がモデルとした欧米列強は政教分離を建前としながら、いわゆる市民宗教としてキリスト教が国民に普及していました。ところが日本の神道も仏教も、それに類するような宗教ではなく、国民精神の支柱になれそうなのは、歴史的に培われてきた天皇に対する素朴な崇拝心しかありませんでした。

志士たちの間では、天皇を「玉《ぎょく》」と呼び、「玉を手に入れた方が勝つ」という即物的な言い方さえありました。それを国学の研究から思想的に深め、近代国家にふさわしい思想、神道教学に高めるとともに、さまざまな儀礼を整備したのが津和野藩の主従たちです。津和野藩は幕末の激動期にあって藩学を充実させ、国学を首位に置いて教化し、藩の内外に神道思想の浸透を図っていました。藩主亀井茲監《これみ》は領内において社寺制度の改革を断行し、神仏混淆《こんこう》を厳禁して主要な寺社の別当・社僧を還俗させ、武士には神葬祭を行わせました。かといって仏教を迫害することはなく、いわゆる廃仏は起きていません。明治初めの神仏分離の先駆けで、こうした藩の動向に注目していたのが岩倉具視《ともみ》です。

自分のライフワークを決めようとしていた昭和35年（1960）の春、父が「面白いものを手に入れた」と見せてくれたのが、岡熊臣《くまおみ》の筆になる津和野藩の藩校「養老館」の学則でした。近世の国学を専攻していた私は、敬神・尊皇・愛国を謳った格調高いその学則にいたく感銘しました。当時、大半の藩校は官学の朱子学を教えていたのに、津和野藩校では国学を中心に据えていたのが疑問でした。それからさっそく津和野に赴き、熊臣の事績と養老館の歴史などを、その年の初冬から調査し始めました。

幸い、熊臣の生家には子孫の岡勝氏（富長山八幡宮宮司）がいて、熊臣を研究しようとする未熟な若者を激励し、岡家に残っている資料をすべて提供してくださいました。私の父と岡宮司の兄が神宮皇學館で同窓だったことも幸いし、「ぜひとも岡熊臣の著述をまとめて世に出してほしい」と懇望されました。以来、岡熊臣と神道津和野教学の研究に取り組むことになったのです。そして25年後の昭和61年（1986）に論文「神道津和野教学の研究」を完成させ、博士論文として國學院大學に提出し、文学博士号を取得しました。

岡熊臣は石見国木部村（現・島根県津和野町）にある富長山八幡宮の神官の家に生まれ、本居宣長の影響を受け国学に傾倒しました。後に津和野藩校・養老館の初代国学教師に就任し、国学を教えた弟子のなかから明治政府の神社行政の中核になる人物を多数輩出しました。近代国家神道の礎になったのが津和野教学で、森鷗外や西洋哲学の西周《あまね》も養老館から巣立っています。

また、熊臣はそれまでの神道が死を不浄のものとしていたなかで、霊魂や死後の世界を研究し、この影響で、津和野では神道による祖霊信仰が篤くなり、幕末には津和野藩士が京都・祇園社内に尊王の志士の霊を祀る小社を造っています。私は調査で、これがわが国初の招魂社となり、靖國神社の元宮となったことを突き止めました。

岡熊臣を登用したのが最後の藩主亀井茲監で、茲監は新政府の参与に任じられ、岩倉具視の要請を受けて津和野教学で明治新政府の政策をリードする大役を担いました。以後、神祇事務局判事・議定職神祇事務局輔・神祇官副知事

亀井茲監

岡熊臣

大国隆正

などを歴任し、宗教関係の行政を主に任されることとなります。

大政奉還から王政復古へ

慶応3年（1867）10月14日の大政奉還で江戸幕府は滅び、700年余り続いた武士の政権は終わります。朝廷は諸侯会議を召集して合議により新体制を定めることとし、徳川慶喜は新しい政治の仕組みの中でも主導権を握ろうとしていました。これに対して、岩倉具視ら討幕派の人々が、これからは天皇中心の政治を行うと宣言したのが同年12月9日の「王政復古の大号令」です。

「王政復古」は、要するに「祭政一致」ということです。「現人神《あらひとがみ》である天皇が自ら国を統《す》べる」という大方針を打ち出すことによって、ごく短期間のうちに旧時代の権威や秩序を一新させた結果、明治維新が成功したのです。王政復古は王政維新とも言われ、新と古とははなはだ矛盾するようですが、保守主義の復古と進歩主義の維新とが同じ目的で活動し、明治の大改革がなされたのです。後世からそれを批判するのは容易ですが、当時の混乱を短期間で収拾し、欧米列強の干渉を防ぐには、それ以外に道はなかったのでしょう。

実際に王政復古の「大号令文案」の骨子を作成したのは、津和野藩の国学者・大国隆正の門人で「岩倉具視の懐刀《ふところがたな》」といわれた玉松操とされています。大国隆正は一時、津和野藩を脱藩しますが、後に亀井茲監は彼を復帰させ、養老館の国学の教師としました。彼は京都に住むことを許され、江戸と津和野で藩士を教えることになります。隆正は、茲監に尊王攘夷の思想を説き、「国学を本学と称すべし」と進言し、養老館の国学を本学と改めさせました。後に福羽美静《よししず》も養老館教授に登用されています。

王政復古という場合、いつの御代への復古を目指すのかについて当時、大きな議論がありました。天皇親政の時代というと、後白河天皇と高倉天皇の時代が考えられますが、政治の実権は武士である平家に握られており、やがて源平の争乱が起こります。それ以前、平安時代中期の「延喜・天暦の治」は、醍醐・村上天皇の治世で聖代《せいだい》と称せられましたが、実質的には藤原氏による摂関政治が始まっていました。

平安京を定めた桓武天皇や律令国家を目指した天智天皇、大宝律令の制定を命じた天武天皇……と議論が百出し、結局は、初代神武天皇のいにしえに返る心がなければ、大業は成就しないであろうということになり朝議が一致したのです。

神武天皇の時代には公卿も武士もなく、仏教や儒教も伝来していません。国の大改革を行うにおいて、これに優る見識はなく、これを超えた着眼点はないと思います。

神武天皇のいにしえに復することは、津和野藩出身の大国隆正が早くから唱えていたことです。もっとも、神武創業論は一種の時代思潮であったとも言えます。天保８年（１８３７）に乱を起こした大塩平八郎の檄文にもあり、薩摩藩邸学問所教授を務めた有馬新七は安政４年（１８５７）に「論神武肇建之制度」を書いており、久留米水天宮祠官で尊皇攘夷の思想家・真木保臣なども同様に論じています。しかし、その内容を思想的に提示し、政治的に王政復古論に結びつけたのは、やはり大国隆正です。

王政復古の前の11月23日には、従来の官制を廃し、政務をまとめて天皇を補佐する総裁、事務の監督をする議定、分担して事務を行う参与の三職を置くことも決めています。新政府に神祇官が再興され、亀井茲監が事務局判事に、福羽美静が判事となったのも大国隆正の影響で、高齢の隆正は神祇官の諮問役を務めました。

新政府の特徴は、太政官に対して神祇官が指導的立場におかれ、政治の実権を左右するほどの存在だったことです。神祇官の主要な役職には津和野藩の主従が就任し、山陰の小藩が日本政治の中枢に位置することになりました。

明治天皇の即位礼に地球儀が

具体的に問題になったのは明治天皇の即位礼をどのような形式で行うかで、当時はまだ慶応4年（1868）1月2日に始まった戊辰《ぼしん》戦争の最中でした。鳥羽・伏見の戦いでは錦の御旗が現れ、形勢は一気に新政府軍に傾きます。勝利した新政府は、有栖川宮熾仁《たるひと》親王を大総督宮とした東征軍を編成し、江戸に向け進攻を開始します。4月11日に江戸城が無血開城されると、東北での戦いが続いていた7月17日に江戸を東京と改め、8月27日に明治天皇の即位の大礼が京都御所の紫宸殿《ししんでん》で行われました。その儀式の担当者に任命されたのが亀井茲監と福羽美静ら津和野藩士と有職故実に詳しい公家です。

岩倉具視は亀井茲監に、諸事神武創業にのっとる新政府の建前から、古典を考証し、唐の模倣ではなく、王政維新にふさわしい皇位継承の典儀を策定するよう命じました。茲監は藩士の佐伯利磨、井上瑞枝を上京させ、福羽美静と調査に当たらせ、調度品からは唐風のものが排除され、唐風の礼服は廃止され、平安時代以来礼服に次ぐ正装であった束帯《そくたい》が使用されました。庭に立てる儀仗用の旗の類も廃止され、幣旗という榊《さかき》が立てられました。

佐伯利磨が大正時代に書いた「偲び奉る明治天皇の御即位」という一文によると、福羽美静はほとんど一人で一切のことをまとめ、亀井茲監を通じて岩倉具視の裁断を仰いでいました。「岩倉公は万事決断心のある人であった」「今日（大正時代）の大礼使の事務官は数十人の多きに上るが、当時の事務官はわずかに三名であった」などと述懐し、わずかな予算で苦心した様子も記されています。

注目すべきは、紫宸殿の南庭中央に、中国式の香合ではなく、直径1メートル超の地球儀が据えられたことです。これは元水戸藩主の徳川斉昭が作らせ、皇威を海外にも輝かすという開国進取の上奏文と共に奉献したものです。この地球儀については、大国隆正が福羽美静に進言したものと思われます。

私の父には古い軸や短冊などを収集する趣味があり、私は学位論文で「神道津和野教学の研究」に取り組んだこともあって、即位礼にかかわる絵図などを古書店などから買い集めていました。その一つが「光格天皇御即位礼式絵図」で、大正天皇、昭和天皇、上皇陛下の即位礼と大嘗祭の絵巻も所蔵しています。

第3章　令和の天皇皇后両陛下と日本

令和の始まり

京都御所の茶会に招かれ

令和元年（２０１９）12月28日午後、京都御苑にある京都御所での茶会に招かれ、天皇皇后両陛下にお目にかかりました。モーニング姿の天皇陛下は、水色のロングドレスの皇后さまと大型テントの会場に入られ、約30分間参加者と歓談されました。

陛下は「即位礼および大嘗祭を終え、ゆかりのあるここ京都の地において茶会を催し、皆さまとともにひとときを過ごすことを誠にうれしく思います。この機会に人々の幸せと地域の一層の発展を祈ります」とおことばを述べられました。この日午前、両陛下は明治天皇陵で即位の礼と大嘗祭の終了を報告される「親謁の儀」に臨まれました。私もお茶会にお招きいただき、両陛下のお健やかなお姿を拝し、まことにうれしくありがたく、感激しました。

皇后さまは適応障害による療養生活が15年以上にも及びますが、近年は公務に臨まれる機会が顕著に増え、順調なご回復ぶりを示されています。陛下の即位後は、皇后として日本赤十字社の全国大会へのご出席など単独公務も務めておられます。

陛下のお隣で式典や行事に臨まれる皇后さまの表情は、明るく自信に満ちて、その笑顔が陛下のなによりの原動力となっていることがうかがえます。令和の新たな旅路を、陛下は皇后さまとお二人で力強く歩まれていかれるでしょう。

天皇陛下は5月1日に即位されました。「令和」の始まりとともに、59歳の陛下は上皇さまのこれまでの活動を継承しながら、自らの象徴天皇像を模索する旅の第一歩を踏み出されたのです。この日、皇居・宮殿「松の間」では、天皇の国事行為として「剣璽等承継の儀」と「即位後朝見の儀」が行われました。陛下は承継の儀で皇位のしるしとされる「三種の神器」のうち剣と璽（勾玉）を、国の印象の「国璽」と天皇の印の「御璽」とともに受け継がれました。続く朝見の儀では「常に国民を思い、国民に寄り添いながら、憲法にのっとり、日本国および日本国民統合の象徴としての責務を果たすことを誓い、国民の幸せと国の一層の発展、そして世界の平和を切に希望します」と、天皇としての最初の「おことば」を述べられました。

朝見の儀でのおことばは、新天皇が国民に向けて示される自らの行動規範や理念です。

30年余り前の同じ儀式で上皇さまが語られた文言をほぼなぞる形で、陛下は上皇さまが築かれた象徴天皇像を踏襲する意思を明確に打ち出されました。

御代替りに伴い、陛下は上皇さまが天皇として携わってこられた全ての活動を引き継がれました。天皇の御活動は、憲法で規定された「国事行為」と、象徴としての地位に基づいて行う「公的行為」、宮中祭祀などの「その他の行為」に分類されます。国事行為と公的行為は「公務」と総称されています。

国事行為は内閣の助言と承認に基づいて行う法律や政令の公布、首相の任命、国会の召集などで、閣議を経た文書に押印、署名する「執務」は年間千件ほどに及びます。公的行為には国民体育大会や全国植樹祭、全国豊かな海づくり大会などの式典への出席や、外国訪問、国賓を迎えての宮中晩餐会などがありますが、明確な定義はありません。上皇さまが在位中に注力された被災地のお見舞いや戦没者慰霊もこれに該当します。その他の行為には、宮中祭祀のほか、コンサートや美術展などの芸術鑑賞や大相撲観戦といった私的な活動が含まれます。

終戦から74年を迎えた令和元年8月15日、日本武道館で催された全国戦没者追悼式に初めて臨まれた陛下は、「過去を顧み、深い反省の上に立って、再び戦争の惨禍が繰り返されぬことを切に願い…」とおことばを述べられました。

初の戦後生まれの天皇であられる陛下は、上皇さまがこれまで追悼式で述べられた「深い反省」という表現を用いられるなど、おことばの大半を継承され、平和の誓いを新たにされました。

陛下は戦後70年を控えた平成15年（2003）2月の誕生日の記者会見で、「戦争を体験した世代から戦争を知らない世代に、悲惨な体験や日本がたどった歴史が正しく伝えられていくことが大切」と述べられました。

上皇さまや上皇后さまから戦争の話を聞いて育ち、広島や長崎、沖縄を訪れると慰霊碑や戦争関連施設に足を運ばれるなどして、歴史を学んでこられました。国内外で戦没者慰霊を重ねられた上皇ご夫妻の姿に感銘を受けたとおっしゃり、皇后さまと共にその思いを引き継ぎ、次の世代につなぐご意志も、過去の会見で示されています。

災害が多発した平成の御代、上皇ご夫妻は被災地訪問に力を注がれました。避難所では床に膝をつかれ、被災者と目線を合わせながら、いたわりのおことばをかけて回られたご夫妻には、当初「天皇がなさることではない」との声もありましたが、振舞いを変えられることはなく、いつしか「平成流」と呼ばれるようになりました。

陛下も皇太子時代、皇太子妃であられた皇后さまと共に東日本大震災で被災した岩手、宮城、福島の3県を計9回訪問され、ご両親と同じように、膝を折り、現地の人々を励まされ、復興を担う若者たちとの交流など様々な形で被災者に寄り添ってこられました。令和元年（2019）の甚大な豪雨被害にも、両陛下は大御心《おおみごころ》を痛められ、避難生活を送る人たちを心配されていました。

令和元年11月9日の「天皇陛下御即位をお祝いする国民祭典」でも「寒さが募る中、避難を余儀なくされ、生活再建が容易ではない方が多くおられることを案じています」と話されました。

水運をライフワークに

陛下は史上初めて留学経験のある天皇で、これまで30か国以上を公式訪問され、過去の会見では「国際親善とそれに伴う交流活動も、皇室の重要な公務の一つ」と述べられています。海外生活が長く、外交官でもあった皇后さまと二人三脚で、国際社会でのご活躍を期待する声は多いようです。

即位後間もない５月には、令和初の国賓として米国のトランプ大統領夫妻を迎え、陛下は皇后さまと共に歓迎行事や会見、宮中晩餐会に臨まれました。英語が堪能な両陛下が通訳を介さずに大統領夫妻と言葉を交わされるお姿から、諸外国との友好親善に力を注ごうとされる意気込みが伝わりました。

これまでの会見で陛下は「国民と苦楽を共にしながら、国民の幸せを願い、象徴とはどうあるべきか、その望ましい在り方を求め続けることが大切」と繰り返し語られ、「時代に即した新しい公務」を見いだし、社会の要請に応じる重要性も説かれてきました。

新たな公務の切り口となるのが、陛下がライフワークと位置付ける「水に関する問題」への取り組みです。環境や貧困などの問題につながる水の研究を長年続け、国連本部での講演や国際会議への出席も重ねてこられました。

陛下はご幼少の頃から交通の媒介となる「道」に興味をお持ちでした。そこから「水の道」へと関心を広げられ、学習院大学では中世の瀬戸内海の海上交通について、イギリスのオックスフォード大学では17世紀から18世紀のテムズ川の水上交通についてご研究されました。「水運」へのご関心はその後、さらに「水問題」へと発展し、国際的な取り組みにもかかわられるようになります。

陛下は平成15年（２００３）3月の第2回世界水フォーラムにおいて、名誉総裁のお立場で記念講演をされました。世界水フォーラムは3年に一度開催され、陛下はそれ以降、平成20年8月の第8回まで毎回、講演をされ、あるいはビデオメッセージを寄せられています。

また、国連水と衛生に関する諮問委員会の名誉総裁を、平成19年（２００７）11月から27年末まで8年間お務めになり、安全な飲料水と基礎的な衛生施設を持続可能な形で利用できない人の割合を減らすという課題に取り組まれました。

国際社会が協力して持続可能な社会の実現を目指すことの大切さを訴えてこられた陛下は、即位前の令和元年（２０１９）2月の会見で、「水問題への取り組みで得られた知見も、これからの務めの中で国民生活の安定と発展を願い、防災・減災の重要性を考えていく上で大切に生かしていきたい」と語られています。陛下は皇太子時代の講演をまとめ、徳仁親王著として『水運史から世界の水へ』（NHK出版）を刊行されています。

古代の生田神社は、現在の社地ではなく生田郷生田村に隣接する砂山《いさごやま》に鎮座していたと伝えられています。それが生田の森に遷座したのは、延暦18年（799）の洪水で境内の松が倒れて社殿が傾いたためです。生田村の刀禰七太夫が御神体を背負って鎮座地を求め歩いていたところ、突如、御神体が重くなり、これ以上歩けなくなった所が今の社地だとされています。

以来、生田の神様は松嫌いになったので、境内には松の木が1本もありません。正月の門松も、松の代わりに杉を使っています。かつてあった能楽堂の後方正面の羽目板には普通、大きな1本の老松を描くのですが、全国でもここだけは杉を描いていました。

東日本大震災では陸前高田市の海岸に植えられていた4万本の松が津波で流され「奇跡の一本松」だけが生き残りました。松は姿が美しいのですが、根が浅く、水に弱いのです。

水神を祭る京都の貴船神社は、古くから祈雨の神として信仰されてきました。但馬（兵庫県北部）の「ざんざか踊り」はざんざか雨が降ってほしいという雨乞いの踊りです。参拝前の手水のように、水は清めにも使われます。

伊勢神宮にご参拝

両陛下は令和元年（2019）11月22日午前、伊勢神宮外宮を、23日には内宮を参拝されました。皇位継承に伴う一連の国事行為「即位の礼」と一世一度の重要祭祀「大嘗祭」を斎行されたことを伊勢神宮の神に報告する「親謁の儀」です。

両陛下は宿泊先の内宮行在所《あんざいしょ》を出発し、衣食住の神である豊受大神を祭る外宮に移られ、先に天皇陛下が祭儀の正装「黄櫨染御袍《こうろぜんのごほう》」姿で馬車に乗車され、「三種の神器」のうち剣と璽とともに、正殿に通じる門に到着されました。

馬車は重要な皇室行事で使われる宮内庁の「儀装馬車2号」で、上皇さまが平成時の「親謁の儀」で乗られたのを修復されたものです。

陛下は鳳凰の飾りのついたかさのような「菅蓋《かんがい》」が差し掛けられる中、歩いて正殿に昇られ、玉串をささげて拝礼、十二単《ひとえ》に「おすべらかし」の皇后さまは御料車で正殿へ向かわれ、同様の所作で拝礼されました。

両陛下は23日午前には、皇室の祖神天照大御神を祭る内宮を参拝されました。三種の神器の剣と璽も携えられ、外宮親謁の儀と同様のお姿でそれぞれ正殿に歩みを進め、玉串をささげて拝礼されました。

11月26日から28日まで両陛下は、さらに歴代天皇陵に報告される「親謁の儀」のため、奈良県と京都府に入られ、奈良県橿原市の神武天皇陵と京都市東山区の孝明天皇陵、同伏見区の明治天皇陵を参拝されました。

兵庫県に何度もご来訪

天皇陛下は昭和・平成を通じて20回以上、兵庫県に足を運ばれています。とりわけご自身にとっても、県民にとっても印象深いのは、平成7年（1995）1月17日に起きた阪神・淡路大震災の被災地慰問ではないでしょうか。陛下は震災後1年と5年、15年の「1・17」には追悼式典にご臨席され、上皇ご夫妻と代わるがわる被災者を励ましてこられました。

水運を研究テーマとされた学習院大学時代には、室町時代の兵庫北関（今の神戸港）に入港した船舶の記録史料「兵庫北関入船納帳」との出会いなどから、中世史家・林屋辰三郎氏との交流で瀬戸内海の水運史を研究されています。香川県丸亀市の本島にある塩飽勤番所跡《しわくきんばんしょ》には、学生時代に調査に来られた陛下の歌碑「雲間よりしののめの光さしくれば　瀬戸の島々浮出にけり」があります。

陛下は親王時代から、成長過程に合わせるように来県されています。昭和46年（1971）、11歳の時に姫路城や神戸港を周遊されたのを皮切りに、同59年（1984）、学習院大学時代にはゼミ旅行で淡路や丹波に行かれ、63年（1988）には夏の全国高校野球選手権大会で始球式をされました。

皇太子になられた平成元年（1989）には、神戸市で開かれた障害者スポーツの祭典「フェスピック神戸大会」を観戦されました。それ以降も、同10年の明石海峡大橋開通式典や14年の「人と防災未来センター」開所式典など、兵庫県にとっての大きな節目に立ち会ってこられました。皇太子としての最後のご来県は平成30年（2018）8月、兵庫県立こども病院などの訪問で、皇后さまも8年ぶりに元気なお姿を見せられました。優しく声をかけられた子供たちは、それまで以上に勉強などに励むようになったそうです。

大嘗祭に合わせ生田神社が『絵図に残された即位礼と大嘗祭』を発刊したのは、令和の御大典を奉祝する記念事業の一つとしてです。幸い、私が所蔵していた江戸時代後期の「大嘗祭由加物雑器私図」の保存状態が良く、数多くの図や絵が色鮮やかに描かれていて、絵図の多くが大嘗祭に関するものでしたので、即位礼、大嘗祭に合わせて復刻版を出すことにしました。解説は皇学館大研究開発推進センター神道研究所助教の佐野真人氏にお願いし、私が『神戸史談』に執筆した「光格天皇御即位式絵図を巡って―明治即位礼式の考察」も収録してあります。

皇室と神戸

天皇陛下と神戸のゆかりで思い出すのは、神戸で詠まれた上皇上皇后両陛下の御製、御歌です。平成最後の歌会始のお題は「光」で、上皇陛下は「贈られしひまわりの種は生え揃ひ　葉を広げゆく初夏の光に」とお詠みになられました。この御製は平成17年（2005）の阪神・淡路大震災10周年追悼式に神戸に行幸された時、遺族から贈られたヒマワリの種が葉を広げ成長する様子を詠まれたものです。その種は、震災で犠牲になった、当時11歳の加藤はるかさんの自宅で採集されました。

同じく追悼式に行啓された上皇后陛下は、復興しつつある神戸の街を視察された印象を、平成18年の「笑み」というお題の歌会始で、「笑み交はしやがて涙のわきいづる　復興なりし街を行きつつ」と詠まれました。震災で大変な苦労をした私たちは、神戸の被災者への思いやりあふれるこの御歌にも深い感動を覚えたものです。この御歌は神戸市の東遊園地に建立された、黒御影石の歌碑に刻まれています。

天皇陛下の神戸とのかかわりをみますと、学習院大学時代に室町時代の兵庫北関（現神戸港）に入港した船舶の記録「兵庫北関入船納帳」などから瀬戸内海の水運史を研究されていました。『水運史から世界の水へ』の第三章「中世における瀬戸内海水運について―兵庫の港を中心に」で、「兵庫北関入船納帳」のこと

東遊園地に建立された黒御影石の上皇后陛下の歌碑

を詳しく述べられています。

昭和天皇の御製の歌碑はメリケンパークオリエンタルホテルの屋上にあります。

「みなとまつりひかり輝く夜の舟に　こたへてわれもともし火をふる」

昭和21年（１９４６）10月27日、同ホテルに泊まられた天皇皇后両陛下が、同夜のみなとの祭の海上提灯行列に向け、屋上から親しく提灯を振られたのです。翌年新春の歌会始には「灯」と題して、その印象を詠まれています。

上皇陛下の歌碑は淡路島の夢舞台にあります。

「園児らとたいさんぼくを植ゑにけり　地震ゆりし島の春ふかみつつ」

この御製は平成13年（２００１）４月に、当時の天皇皇后両陛下が阪神淡路大震災からの復興状況を御視察のため被災地を訪問された際、「ひょうごグリーンネットワーク」運動の記念植樹会に出席され、被災市町の代表者の子供たちとタイサンボクを植えられた時の印象を、翌14年の歌会始で詠まれたものです。

第4章　神仏習合の歴史を今に

神仏和合の「神仏霊場会」を設立

天台座主が伊勢参り

近年、発掘が進んでいる縄文遺跡などからも推測できるように、恵まれた自然環境の中で日本人は、自然と親和的な精神文化をはぐくんできました。その上に仏教を受容したので、江戸時代まではいわゆる神仏習合が日本人の自然な信仰でした。明治初めに神仏分離令が出されましたが、家庭には神棚と仏壇のあるのが一般的で、今も伝統的な地域や家庭ではそうした信仰が継承されています。

わが国には神や仏の聖地が数多くあり、山川林野に神は鎮まり、仏が宿っています。聖地は神と仏との出会いの場で、人々は神や仏を求めて山岳や辺地《へんち》で修行し、神社や寺院に参詣してきました。そのような聖地が特に紀伊、大和、摂津、播磨、山城、近江などの諸国に集中しています。これらの地には、わが国の本宗と仰ぐ伊勢の神宮をはじめ歴史ある22の神社や南部各宗、天台、真言、修験などの寺院が建立され、その後、浄土宗、浄土真宗、禅宗、日蓮宗など鎌倉新仏教諸宗派が栄えました。そして伊勢神宮や熊野、高野への参詣、西国三十三観音霊場巡礼、各宗派の宗祖聖跡巡礼などが時代を超えて行われています。

西国、近畿は神と仏の一大聖域で、悠久の山河と信仰の歴史に刻まれた祈りの道があり、これら神社や寺院への参詣、巡拝、巡礼は多くの史書、参詣記、巡礼記、道中記の類に記されています。こうした由緒深い神仏が同座し、和合する古社や古刹を中心とする聖地を整えようとして平成20年（２００８）に設立されたのが「神仏霊場会」です。

平成20年９月８日には、神仏霊場会発足の奉告祭と神宮正式参拝が伊勢で行われ話題になりました。皇學館大学記念講堂で行われた奉告祭は私が斎主を、東大寺長老の森本公誠師が導師を務め、祝詞奏上、表白に続いて「般若心経」を唱え、生田神社雅楽会が神楽「豊栄舞」を奉奏しました。森本長老は「神仏界に身を置く者の責めを探り、宗教の新たな叡智を学び、人々に潤いとぬくもりを呼び戻そう」と表白を読み上げ、聖護院門跡ほか各寺院の門主や管長らによる般若心経は真に荘厳でした。その後、神宮に参詣し、私に森本長老、神社本庁副総長の田中恆清石清水八幡宮宮司、半田孝淳天台座主《ざす》が御垣内《みかきうち》参拝しました。

この４人を先頭に神仏霊場会の会員が４列に並び、五十鈴川にかかる宇治橋を渡る光景は圧巻で、多くのメディアで報道されました。とりわけ天台座主の伊勢参りは初めてのことで、注目されたのです。

翌平成21年（２００９）6月11日に神仏霊場会の「神仏合同国家安泰世界平和祈願会」と総会が高野山で開催された折には、金剛峰寺で私が祝詞を奏上しました。翌22年6月11日には生田神社で神仏合同国家安泰平和祈願祭と総会が行われ、23年3月6日には生田神社で神仏霊場会シンポジウム「日本の原風景―誘う神仏たち」が開かれました。

5年後の平成25年（２０１３）には神宮の第62回式年遷宮を控え、また歴史を重ねた社寺でも鎮座や開宗、あるいは遠忌《おんき》などの奉祝、慶讃の行事が続いており、平成の御代はわが国の伝統的な神道や仏教をはじめ宗教界全体にとって意義深い時代です。

こうして神と仏が相和し、格別のご神慮とご慈悲をもって、天下泰平、国家鎮護、万民豊楽と世界平和、人類の共栄、生きとし生けるものの共存を進めたいものです。神仏のご加護のもと、西国の神社と寺院が協力して相互巡拝を推進し、神威仏光の高揚を図るとともに、広く宗教や思想信条を超えて、人心の平安と社会の安寧に資することができればと願っています。

東大寺で震災復興祈願

日本人は太古から「自然の中に神々はおわし坐《まし》す」と信じ、畏敬の念を捧げてきました。太古の人たちは、人も木も草も国土も「神が生みたもうたもの」と信じてきたのです。そこへ、約１４００年前に、それらすべてが仏の慈悲の現れであると教える仏教が伝わり、古来の神道と融合しつつ、自然と共に生かされている日本人を育ててきました。そして明治時代を迎え、神仏判然令によって神仏は分離されましたが、神と仏を敬い尊ぶ日本人の心は変わることなく続いています。

近年、グローバル化の時代を迎え、人心の平安と社会の安寧、世界の平和の原点が神仏融和にあることが再認識され、神仏霊場への巡拝の機運が高まっています。インドや中国で衰えた仏教が、日本では今も多くの人々の信仰を集め､学び続けられています。それには、大陸からの適度な距離にある島国という地政学的な意味に加え、「和」と「汎用」を旨として暮らしてきた神道に代表される日本人の心情、霊性が大きく影響しているものと思われます。

日本の宗教の特徴は、他を否定しない肯定の宗教であり、その肯定の世界を形づくっているのが神仏霊場会と言えるでしょう。この活動を通して、寛容の心で互いを生かし合う心を広めていきたいと思います。

平成23年（２０１１）６月９日、東大寺で「神仏合同東日本大震災慰霊追悼復興祈願会」を挙行しました。これは、阪神・淡路大震災で社殿が倒壊した生田神社の再建に、神戸復興の証として邁進《まいしん》した経験から、神仏霊場会二代目会長として私が呼び掛け、実現したものです。

祈願場の東大寺大仏殿は、奈良時代に、天災と飢餓の国難に立ち向かうため、聖武天皇が「一枝の草、一把の土を持て像を助け造らん」と願われ、それに応えた多くの民の協力により完成したもので、しかも、盧舎那仏《るしゃなぶつ》坐像（大仏）は宇佐神宮の八幡神の助力を得て造られた、神仏一致の象徴と言える仏像ですから、国難において神道界と仏教界が合同して祈りを捧げるのにふさわしい場として選ばれました。

祈願会では僧侶と神職が二列になって大仏殿に入場し、東大寺長老と式衆による唄（声明）と散華《さんげ》に続いて、導師の北河原公敬・東大寺別当（神仏霊場会副会長）が次のような表白を読み上げました。

「古来われらが祖先は神仏を共に尊崇し、神仏への祈りに心の安らぎを求めてきた。しかし、地球自然の破壊力にはかなわない時があり、人知を超えた国難が東日本を襲った。度重なる罹災苦難があったが、世の人々共に蘇ってきた盧舎那大仏に神仏合同の祈りを捧げることで、被災地の神仏の霊威が回復し、物故者の御霊が安らかとなり、被災地の早期復興がなりますように」

斎主の私が祈願詞を奏上したのに続いて、神職たちが大祓詞を奏上、神職代表が玉串を奉奠《ほうてん》。東大寺の僧侶たちが「般若心経」を読経する中、僧侶代表と神仏霊場の満願者代表が焼香し、犠牲者の冥福と被災地の復興を祈願しました。

高田好胤管長と交流

私の大学進学について、生田神社宮司だった父鐐次郎《りょうじろう》は神戸市内の大学がいいと、旧制高校から大学を開学して3年目の甲南大学への受験を勧めました。甲南大には兄知衞の恩師で神宮皇學館大學教授から文学部国文学科教授になっていた『近世の和歌と国学』『伊勢の文学』『福沢諭吉の研究』で著名な伊藤正雄先生と、京都府福知山市にある荒木神社の社家の出身で『宗祇・心敬の研究』『安土桃山時代の文学の研究』で名高い荒木良雄先生がいました。

甲南大に入学した私は、クラブ活動で古美術研究会と歌舞伎文楽研究会に入部しました。関西は奈良や京都を中心に古美術の宝庫です。古美術研究会の顧問は後に兵庫県歴史博物館館長になる和田邦平先生で、毎週日曜日には奈良や京都の寺院を主に古美術行脚に明け暮れました。奈良の法隆寺、薬師寺、唐招提寺、東大寺、室生寺、京都の南禅寺、知恩院、西芳寺、龍安寺、大徳寺、浄瑠璃寺などを見学し、夏には薬師寺や南禅寺、知恩院で合宿し、神職の息子でありながら寺院の古美術品の見学に学生生活を費やしました。古美術研究会には彫刻、建築、庭園、絵画、考古学の研究班があり、私は建築班と彫刻班に属し、見学・研究に励みました。

高田好胤・元薬師寺管長

この会のお陰で薬師寺の高田好胤管長には兄弟のように親しく接してもらい、言葉に語り尽くせない教えを受けました。薬師寺の境内に建立された佐々木信綱の名歌「逝く秋の大和の国の薬師寺の　塔の上なるひとひらの雲」の歌碑除幕式にも出席し、川田順、落合太郎、前川佐美雄先生の謦咳《けいがい》に接することもできました。『大和古寺風物詩』の亀井勝一郎を甲南大学に招き、講演して頂いたのも忘れられません。私ほどお寺好きの神職は珍しいでしょう。

学習院大学史学科の古美術研究部の学生とも交流し、学習院大学を訪問したり、京都の八坂神社で交流会を催したりしました。当時、学習院大学で部長をしていたのが、後に名古屋の徳川美術館館長になる徳川義宣《よしのぶ》氏でした。大学3年生の時には岩手県の平泉に行き、中尊寺の佐々木管長の好意で宿坊に泊めて頂き、金色堂の中へ入れてもらい、写真撮影も許され、その時の写真は日本美術史の源豊宗《とよむね》関西学院大学教授に称賛されました。

当時の薬師寺は塀が崩れたままのような状態で、好胤さんは副管長で法光院におられました。そこで私たちが合宿をしていると橋本凝胤管長が講話に来てくれました。その時、私は手洗にいて、戸を開けるとうるさい音がするので、そのままじっとしていたところ、話が長く、夏の盛りなので大汗をかき、やっと話が終わったのを見て手洗いから出て行くと、あきれた好胤さんに「雪隠居士《せっちん》」というあだ名を付けられたのも懐かしい思い出です。

以来、好胤さんとは家族ぐるみのお付き合いをするようになり、私が神戸で結婚式を挙げた昭和30年（1955）3月30日は薬師寺の大切な花会式なのに来てくれ、「吉祥天に似た奥さんをもらって幸せだ」という話をしてくれました。

阪神・淡路大震災で生田神社が被災した時には、かなり体が弱っていたにもかかわらず、秘書を当日夜に見舞いに寄越し、数日後、信徒を引き連れ見舞いに来てくれました。また、好胤さんは神宮の神嘗祭には必ず信徒を引き連れて参列し、僧侶として神仏和合を地で行っていました。戦没者の慰霊の旅もよくして、靖國神社への参拝も欠かしませんでした。

私は「ご飯がおいしくないのは伊勢と薬師寺や」と言ったことがあります。新米は神仏にお供えして、人は古米を食べるのでおいしくなかったからです。すると「君はなんちゅうこと言うんや」と叱られました。

好胤さんは修学旅行の中高生に話をするのが好きで、「三重塔のもこしはスカートや」とか「奈良は寺ばかりやとぶつぶつ（仏々）言うとるけど」など面白い冗談を言いながら、「般若心経」の意味など分かりやすく解説していたものです。私が寺回りをするようになった一つの要因には、好胤さんとの友情が大きかったと思います。

好胤さんの「かたよらない心、こだわらない心、とらわれない心。ひろく、ひろく、もっとひろく……これが般若心経、空のこころなり」は名言で、「人は亡くなると仏になり、50年たつと神になる」と神仏習合のわかりやすい説明をされていました。

平賀元義、熊野信仰を研究

父の薫陶を受け

私の父鋑次郎《りょうじろう》の生家は、愛知県愛知郡日進村の山村の白山神社の累代の神主家で、後花園天皇の御代、文安元年（１４４４）に神職になった小塚甚太夫直好から数えて、現在まで20代続いています。母は同じ村の村長で、後に愛知郡会議長をした志水丈右衛門の娘で、大正９年（１９２０）に結婚しました。

祖父は当初、小塚竹之丞と称しましたが、愛知郡本郷村の加藤りよの相続として、明治10年（１８７７）に加藤知隆と改姓・改名しました。祖母の「とう」は教育こそ受けていませんでしたが、大変な敬神家で、「神という字は示すに申す」と言って、いつも父に神様の有難さを教えていたそうです。そんな教育を受けた父から、私は神様を拝むことだけは厳しくしつけられました。母は普通の家の出だが大変信心深い人で、子供の病気が長引いたり、何か困ったことが起きたりすると、決まって裸足でお百度参りをしていました。早起きの母が、大寒の石畳を足袋も履かずにお百度を踏んでいる姿には頭の下がる思いでした。

威厳があり恐ろしい父でしたが、私は7人兄姉の末から2人目だったので、兄姉に比べるとだいぶ優しかったようです。父は滋賀の多賀大社の、次いで岡山の吉備津彦神社の造営に当たり、戦後は焼失した生田神社の復興に憑かれたように邁進し、「造営宮司」の異名を取るほどで、子供と遊ぶような時間はありませんでした。ただ朝夕神棚を拝する姿は神々しかったのです。

甲南大学国文学科の4回生になり、卒業論文で取り上げたのが、私の誕生地岡山の国学者で、正岡子規にも絶賛された幕末の放浪歌人・平賀元義《もとよし》（1800～65）です。元義が歌に詠んだ各地・各所を実地調査し、論文「平賀元義の研究」を提出して卒業しました。

元義は江戸時代後期の国学者で万葉歌人、書家でもあります。岡山藩士の嫡子として生まれましたが、家を継ぐことをよしとせず脱藩し、山陽山陰を彷徨します。賀茂真淵《かものまぶち》を尊敬し、独学で神典・古学の研究をし、吉備の古社も熱心に調査しました。上代に憧れ、人間性を率直に表現した万葉調の歌を詠み、楯舎塾《たてのやじゅく》を開いて、主に神職の子弟を教育しました。性格は豪放磊落で、酒と女を愛し、奇矯に富み、歌は余技にすぎないとしながら、正岡子規に絶賛されています。

60過ぎになって藩から脱藩の罪を許され、放浪中に一緒になった妻と別れ岡山に戻ります。この頃、元義の学問が評価されるようになり、黒住教行司所より顧問に招聘されたり、藩主池田茂政に禄を与えられたりしました。生涯不遇の人で、学才を認められた矢先、岡山市長利の路傍で脳卒中のため66歳で急死します。

その後、元義の業績は忘れ去られましたが、明治に入って中学教諭の羽生永明が元義直筆の歌が書かれた短冊を蒐集《しゅうしゅう》し、研究を始めました。羽生が「山陽新報」（現「山陽新聞」）に連載した評伝「戀《こい》の平賀元義」に注目した正岡子規が、新聞『日本』に連載していた「墨汁一滴」に、元義を万葉歌人として称賛する文を発表し、元義の名は世に知られるようになります。

戦後も数年を経て、世の中がやっと落ち着きを取り戻し、生田神社の復興も軌道に乗ってゆとりが出てくると、父は私を趣味の書画骨董屋によく連れて行くようになりました。かび臭い部屋で、店主の出す国学者や神道家の書いた軸物や短冊を広げ、私にも見せて意見を求めました。私にはまだ、その真贋は分からなかったのですが、いつの間にか国学者や神道家の書に興味を抱くようになりました。父はきっと自分の趣味と学問の系譜を私に託したかったのでしょう。母の愛情はいつも体ごとぶつける具体的なものですが、父のそれはなかなか表面に現れない影のようなものだと、今頃になってやっと分かるようになりました。

平賀元義の卒論提出の締め切りが迫り、最後の日は徹夜して仕上げました。夜明けの5時頃にやっと書き終えて床に就いたところ、2階の私の勉強部屋に人が入ってくる気配を感じました。そして机の電気スタンドをつけて、できたばかりの私の論文のページをめくって点検し、「できたな……」とひとこと言って、安心したように階下へ降りて行きました。それはまさしく父で、おそらく一睡もせずに私の論文のできるのを階下で待っていたのでしょう。私は床の中でなぜか涙が出て仕方がありませんでした。父の愛情とは、そういうものなのでしょう。

父が常日頃、発した言葉からもいろいろ教えられましたが、とりわけ「現状維持は退歩につながる」という言葉と、「思うこと言わずに居れば胸苦し、ズバリと言えば障りまた多し」というざれ歌は、社会に生きていく上での大切な言葉として、今も私の座右の銘となっています。

熊野信仰を研究

甲南大学卒業後、祖先からの家業である神職を継ぎ、神道や国学を研究するため、國學院大學大学院修士課程に進んで神道学を専攻し、鎌倉にいた次姉の嫁ぎ先の近くの下宿から東京に通いました。

大学院では、特に神社の広範な信仰形態を研究したいと思い、当時文部省にいた梅田義彦博士に相談したところ、「熊野三山を研究したらどうか」と示唆されました。以来、熊野に熱中し、その年は40日余り熊野三山に籠って調査、研究に打ち込みました。修士論文は「熊野三山信仰の研究」で、安津素彦・西田長男教授の指導のもと無事合格しました。

熊野信仰には固有信仰に修験道信仰、仏教信仰などが混淆しており、それらを明白に解くのは容易でありません。本宮・新宮・那智からなる熊野三山が統一的な組織の成立を見たのは平安時代の貞観（859〜877）から延喜（901〜923）とされ、中世に熊野の宗教的地位は急速に高まります。熊野詣は近世の高野詣・伊勢詣にも増して盛んになり、上は上皇・天皇・貴族から下は庶民に至るまであらゆる階層を網羅していました。特に源平時代には国勢の盛衰にも多大な影響を及ぼしています。

熊野信仰の源流をたどると、ムスビ・タマ・ケツミコの古代信仰に帰着します。ムスビ（産霊）とタマ（霊魂）は古代における神観念の最も一般

熊野本宮大社

的な形で、今でも熊野の神の主神は熊野夫須美大神《ふすみのおおかみ》、熊野速玉大神《はやたまのおおかみ》、熊野家津美御子大神《けつみみこのおおかみ》の三神とされています。熊野夫須美大神はクマノムスビの神で、速玉大神は文字通りタマを表し、家津美御子はその名が示すように食の神で、人間生活において最も重要な穀物を司る神です。

タマは神の本体を表し、ムスビはその働きを示すもので、ゆえにムスビとタマは本来不二で、相関連して発生し、それが後に分離して二つの神格が成立したものと考えられます。ムスビ・タマの観念は、原始信仰において最も根本的、根源的なものでした。ムスビは生成・化育の力に対する日本民族の根本的な信仰で、現象界あるいは宇宙空間における霊妙な力を名付けたものでしょう。つまり、熊野地方のあらゆる生産の作用を意味するものが熊野のムスビの神です。

ケツミコの神がムスビとタマに緊密に関係していることは言うまでもありません。タマの働きであるムスビの力によって穀物が育成されると信じられていたからです。

熊野の意味については諸説ありますが、共通しているのは、鬱蒼とした深山幽谷であることから、ムスビ・タマ・ケツミコの神が坐《ましま》す、霊妙不可思議な土地として畏怖されてきたことです。

仏教の浄土信仰と習合

『日本書紀』の一書に、イザナミの遺体が熊野の有馬村に葬られたとあります。紀伊熊野の地には古くから死後の葬送という観念があり、それを追福（追善）する宗教的行事が行われていたことがうかがえます。『日本書紀』の宝剣出現章の他の一書には、紀伊国熊成峰《くまなりのみね》が根の国にも通じる道と書かれており、熊野の地が常世国あるいは根の国へ通じる入口であると考えられていました。古代では、熊野は黄泉国あるいは常世国の領域の一つのように考えていたことが推察されます。

熊野には古くからこうした幽冥感が漂っており、これが熊野信仰を生む母体となりました。そして、後に出てくる補陀落渡海などの背後にも、こうした熊野の他界観があったのでしょう。

古代人の他界観について、黄泉国、根国、常世国と呼ばれる死後の世界は、スサノオが泣き焦がれるほど慕う母神がいる国であると同時に、そこへ入ったイザナギが、そこから出る時には禊祓《みそぎはらえ》をしたほどに厭われた国でもあります。

黄泉国は死者の行く常闇の世界で、暗く恐怖の影が漂います。それに対して常世国は常住の楽土と考えられ、海の彼岸にあると想像されていました。日本の古代信仰を残す沖縄では、海の彼方にニライカナイという楽土があり、人は死後、そこへ稀に行くことができると信じられてきました。

この黄泉国と常世国とは別の国とも、同じ国ともされてきました。常世は常夜と同義で、天岩戸隠れに見られる暗黒の継続を示すもので、神の世隠りが考えられます。しかし、それが「よ」に齢《よ》の連想が働くと、常闇の国から段々に不死の国という風に転じていきます。そして神の死が直ちに神の誕

那智の滝

生・復活を意味し、常闇国はすでに新しい光明をはらんでいました。すなわち、相反する黄泉と常世が相等しいものとし、矛盾をそのまま生かしたのが古代人の巧妙な思考力だったのです。

熊野地方が常世国に通じるとする思想が生まれる背景には、この地方に行われていた水葬の習俗が強く作用していたと考えられます。熊野一帯は古墳が極めて少なく、死者をいかなる形で葬ったのか疑問ですが、海に近いので、古来より水葬が行われていたとするのが妥当です。水葬をしていた古代人は、海を隔てたはるかな国、祖先以来の魂の行き集まるところを常世国とし、そこへは船路あるいは海岸の洞穴から通い、死者ばかりが行くものとしました。海上はるかな死の島、悲願の常夜国を考え、常闇国から次第に「不死の国」へと転じ、常闇国の思想から全く反対の富と齢の国へと思想が変化していったのでしょう。

それが、後に仏教が入ると浄土信仰を受け入れる大きな要素となり、中世以降に神仏習合が進むと阿弥陀仏信仰が中心になるのも、根本の要素が熊野の固有信仰にあったからです。

恩師の思い出

当時、國學院大學には有名教授がきら星のごとくいて、私は寸暇を惜しんで他学部の授業も受講しました。神道学・宗教学の河野省三、柳田國男、岸本英夫、堀一郎、西角井正慶、竹岡勝也、国文学の武田祐吉、久松潜一、守随憲治、高崎正秀、国語学の金田一京助、今泉忠義、歴史学の岩橋小弥太、高柳光寿、考古学の大場磐雄などの諸先生方で、折口信夫先生は残念ながらすでに他界されていました。

大学院在学中に神職の資格を得るために、関係の授業を学部や専攻科の年下の学生たちと一緒に受け、神社祭式も教習しました。夏休みには伊勢神宮での実習が１か月あり、大学院生だったので実習長に任じられました。

文学修士と明階という神職の資格を取得して卒業し、靖國神社に就職の予定でしたが、甲南大学の恩師である荒木良雄・伊藤正雄両教授から、「甲南学園で教鞭を執るように」との強い要請があり、東京での神明奉仕を断念して、神戸に帰り、生田神社に奉仕しながら、甲南学園の教壇に立ちました。父からは「これからの宮司は学問をよくし、学者神主として生きていかねば意味がない」と言い聞かされていたものです。

私の後輩で畏友《いゆう》であった阪本是丸國學院大學名誉教授が神職に遺した次の言葉は重要です。「先人たちはかくも生きた。では自分はどう生きるのか。そう自問するとき、神道の歴史は私たちに無限の宝庫を提供してくれる。先人たちの声なき声が必ずや英知と力をもたらしてくれるに違いない」。そのように私は神職と学者の道を歩み続けています。

私は生田神社で奉仕しながら甲南学園で教壇に立っていましたが、やがて生田神社の業務が多忙を極めるようになり、学園を退職し神職に専任することにしました。

第5章　神道文化と日本人の心性

神道は日本人の生きる道

神道の生命観

生田神社の御祭神・稚日女尊《わかひるめのみこと》が天照大神の幼名、あるいは妹神、和魂《にぎみたま》とされるように、日本古来の神道は自然の恵みの根源である太陽と、生命を産み育てる女性への崇拝を中心に形成されてきたように思われます。神道の生命観は次の三つに集約できます。

第一は「生命のつながり」です。海や山、川、草木をはじめ太陽、風、雷、岩、動物などのすべては神から生まれ、神の御霊である神霊が宿っています。神と人、国土、自然は血縁の親子で、それぞれの生命はつながっていると考えています。

第二は「生命の再生と更新」です。神社神道が本宗と仰ぐ伊勢神宮では20年ごとに式年遷宮が行われ、社殿を新しく建て替え、神様にお遷りいただきます。遷宮で神様が若々しく生まれ変わられ、強く蘇られた神徳をこうむり、国家や国民の生命力が再生・更新されるということです。

第三は「生命の連続性」です。人の生命は親を通じて神々から与えられ、また死を通じて子孫に伝えられます。人は「生命・生死」を全うするなかで、やがて子孫が祀る先祖の神となります。これが生命の連続性の思想です。

神道とは、日本人の神観念に基づいて展開された宗教的実践「まつり」と、それを支えている生活態度（習俗・習慣）、およびその理念と言えます。

そして、古代から「氏子」の共同体（コミュニティー）が形成され、そのセンターとしての役目を神社は果たしてきたわけです。

一方、仏教はどのように日本人に受容されてきたのでしょうか。一般的に仏教の日本への公伝は『日本書紀』の記述により、欽明天皇13年（552）のこととされてきました。最近では新説も提示されていますが、いずれにしても朝鮮半島との往来が頻繁であった時代のことで、仏教を奉じる人たちの渡来などにより、かなり早い時期から仏教は庶民にも受け入れられていたようです。そして仏たちが人々を救済するという思想、インド・中国由来の深遠な仏教哲学は、日本人が培ってきた生命観と共存・共生の思想に強烈なインパクトを与え、豊かな言葉と論理でそれを補強してきたのです。南都六宗と呼ばれる奈良仏教は、宗教というより今の大学の学問のようなものでした。

平安時代になると、比叡山に天台宗を開いた最澄、高野山に真言宗を開いた空海らにより、日本独自の仏教教義が確立され、その中で神と仏、神道と仏教の習合が進められます。比叡山は日吉大社、高野山は丹生都比売神社、東寺は伏見稲荷大社とそれぞれ深く結びつき、同様の関係が全国の社寺に広まっていきます。

鎌倉時代になると栄西や道元、法然、親鸞、日蓮、一遍らいわゆる鎌倉新仏教の宗祖たちが、膨大な経典の中から最も重要とする教えを取り出し、庶民が信じやすい「易行《いぎょう》」として広め、そうした動きに刺激され旧仏教も復興することで、仏教は日本人の精神史の中に確固たる地位を占めるようになります。

疫病と宗教

コロナ禍もようやく収まりつつあると思っていたところ、さらなる感染の広がりがあり日夜案じています。しかし、日本だけでなく世界の歴史を振り返ると、人類史は感染症との戦いだったといっても過言ではないでしょう。現代のように医学や科学が発達しておらず、衛生観念がさほどいきわたっていない時代には、疫病の流行を防ぐ有効な手立てがありませんでした。そうしたなか、人々は古くからの言い伝えや経験から知恵を絞り、自身や家族、大切な人たちの命を守ろうとしてきたのです。

古代では、春を迎え、花々が咲き誇るようになると、花粉が飛散し、それに伴い悪疫も蔓延すると考えられていました。それを防ぐために公的な祭りとして行うよう定められたのが鎮花祭です。

疫病や鬼魅《きみ》（鬼や妖怪）が都に入るのを防ぐ祭りが道饗祭《みちあえのまつり》です。都大路の先端で、災いをもたらす鬼魅を迎えてもてなし、都の中に入れさせないようにしました。鬼魅を防ぐ八衢比古《やちまた》、八衢比売《ひめ》、久那土《くなど》の三神を祀るのも同じ意味からです。

生田神社では古代、新羅からの使節に当社で醸造した神酒を振舞っていました。これは客人をもてなすとともに、しばらくの間、そこに留め置いて、感染症の患者がいないか監視する意味もあったようです。今でいう検疫です。奈良時代に流行した天然痘も新羅からもたらされていました。

全国の神社では毎月1日、15日の月次祭《つきなみさい》や、毎朝、神様にお食事を差し上げる日供祭《にっくさい》で辞別祝詞《ことわきののりと》を奏上し、感染症の一日も早い収束を祈り続けています。

真摯に神に祈り、日々の感謝を申し上げることで、心の平安がもたらされます。祈りは遺伝子の働きを活性化し、自己免疫力を高めると、遺伝子工学の村上和雄筑波大学名誉教授も説いていました。今は先人が感染症に向き合ってきた歴史を顧みつつ、各自が感染しないように注意し、医療関係者に感謝することで、コロナ後の生き方を思い描いていく時だと思います。

今後の世界と神道

我々の先祖は、日本という国が成立するはるか昔から、人知を超えて、多くの恵みを与えてくれる自然界のあらゆるものに霊性を認め、畏敬と感謝の念をもって接してきました。神道はこのような日本人の神観念に基づいて自然に発生したもので、八百万といわれるほど多くの神々を信仰の対象としています。自然や祖先、人々と共に生き、清浄と正直を守ることを至高とし、日々清らかな人間に生まれ変わっていくことが信仰の基盤です。

人々は地域の神社に神を祀り、事あるごとに集まって協議し、共同体を運営してきました。そうした暮らしから、神々と自然と人々と共にあるという調和を重んじる意識が形成されてきたのです。現在の物質中心的な生活を見直し、神々と自然に感謝する暮らしを再認識する必要があります。

近年、地球温暖化や環境破壊、資源の枯渇が人類共通の問題として認識されるようになり、大量生産、大量廃棄の時代から、持続可能な開発、経済社会の在り方が求められるようになっています。昔から「足るを知る」という格言がありますが、物質的豊かさから精神的豊かさを求めるような社会に、私たちの思考を転換していかなければなりません。

コロナ禍で足踏みしている経済・社会のグローバル化もやがてさらに進み、それに伴い文化や宗教の摩擦も増えてきています。世界の宗教の中でも、太古の人たちの感性を今に伝え、自然や人々と親和的な神道は、世界の先住民の宗教とも共鳴し、民族や国、文化、宗教を超えた価値として人々に提示できるものです。

私は昭和49年（１９７４）８月にベルギーのルーヴェンにあるルーヴェン・カトリック大学で開かれた第２回世界宗教者平和会議に参加し、52か国３５０名の参加者の前で神道の祭りを奉仕し、祝詞を奏上しました。学生時代から古美術研究会で関西の名刹で合宿を重ね、近年では神仏霊場会の活動をはじめ諸宗教との対話・交流に努めています。また、生田神社で神事芸能使節団を組織し、カナダやドイツ、エストニアで公演するなど神道文化の国際交流にも力を注いできました。

これからの神道の在り方の一つは、世界に向けて神道文化を発信することでしょう。そして世界の中の日本としての貢献の仕方を探求することです。神道を学ぶ外国の研究者も増える中、若い世代に期待するところです。

森鷗外の遺言と神道の死生観

『死という最後の未来』

新型コロナウイルス感染防止のステイホームで、人々の読書量が増えました。私もいろいろな本を読みましたが、その中でも興味深かったのは、石原慎太郎氏と曽野綾子氏の対談『死という最後の未来』（幻冬舎）です。私と同年代の石原氏は「人間80歳を超すと誰でも紛れもなく迫ってくる『死』について予感したり考えたりします。……この現代がいかに長寿社会になったとはいえ、この私が100を超える老人となってなお矍鑠《かくしゃく》として生き続けるとは思えぬし、１００歳を超した自分を想像したくもありません。この私の年頃の人間は誰しも不可避な『死』への予感と倒錯したある奇妙な期待のままに、這うようにして生きているに違いありません」と述べ、同世代の作家の曽野氏と同じ命題について語り合っています。

石原氏は「こうも死というものが近く感じられる年齢になると、僕のような人間は、余計にその実体を知りたくなるのです。死ぬ時は意識が失せるわけだから、結局、何もかもがわからなくなって、捉えられない。そういう怖さと悔しさのようなものがありますね」と内心を吐露しています。

キリスト教信者の曽野氏に石原氏が「キリスト教では、死んだあとどうなるのですか?」と聞くと、曽野氏は「命は続くらしいです。その生き方によって、報われるということになっています。現世での生き方によって、天国に行く人と地獄に行く人とに仕分けられるんだそうです」と答えています。

来世について聞かれると曽野氏は「あるという考え方です。でも未知ですから、来世があるとか、死別した会いたい人に会えるかもしれないとか、そういう希望はあるかもしれないし、ないかもしれないないし、絶望があるのかもしれない。両方あるのかもしれない」と続けます。

石原氏が「そういった考えは、仏教にはないですな」と言って、「だから僕は、死は『最後の未知』だと思っていて、何とかそれを知りたいわけです」と語りかけると、曽野氏は「私にもわかりませんよ。実際に行ったわけではないですから、天国と地獄がどういうところだということもわからない。わからないことは追求しても仕方ないですからね。私は知ろうとしたことがないんです」と応じます。

現代人の多くは石原氏のような考えでしょう。自分なりの信仰を持っている人は、曽野氏の意見に共感すると思います。

軍医で文豪の鷗外

岡熊臣《くまおみ》を生んだ石見国津和野は多くの偉人文人を輩出しています。その一人が、明治の文豪・森鷗外（林太郎）です。

鷗外は文久2年（1862）1月、石見国津和野（現在の島根県津和野町）に津和野藩御典医の長男として生まれました。妹の小金井喜美子は次のように語っています。
「その正月十九日に、母君産の気つき給ひ、健やかなる男の子を生み給ふ。これぞ我が兄君なる。神棚に灯明かがやき、祖母君涙さへ落して喜び給ふ。亡き人の旅の日記にも、初孫の顔見ん事を楽むなど、幾たびから記し給ひつれば、これやがて祖父君の生れかはり給へるよなど云ひつつ、家の人々やうやく愁の眉すこし開きつ。いかで此ちご、よく生《おう》したててと誰も誰も思ふ」（小金井喜美子『森鷗外の系族』大岡山書店、昭和18年）
「亡き人」「祖父君」とは鷗外の祖父白仙のことで、白仙は文久元年（１８６１）11月、参勤交代で帰藩の途中、近江国土山で脚気衝心（脚気に伴う急性の心臓障害）のため急死しました。鷗外は祖父の生まれ変わりとして、森家の人々は喜びもひとしおだったのでしょう。森家にとっては久々の男子の誕生で、林太郎と名付けられた鷗外に託された、長男としての使命は大きく重かったのです。

津和野は山口県との県境にあり、標高９０５メートルの死火山青野山が東にそびえ、西は山城の三本松城（津和野城）の城跡があり、四方を山に囲まれた、谷底の小さな盆地です。南北４キロ、東西２・５キロの盆地の中央を錦川（津和野川）が南北にＳ字状に流れています。山陰の小京都と呼ばれる、山紫水明の美しい町です。

島根県益田市生まれの小説家・田畑修一郎は次のように述べています。

「津和野の特徴は、長い藩治とこの山間だらけな風土から醸成された一種気骨のある精神にあるので、それは一面に於ては石見半紙となって現れ、一方では藩校養老館から輩出した人物と、その傾向と見れば判然とする。

政治よりも学芸に傾くところに、津和野藩の文化的特質があるように思われる。私はそこに石見の山間を感じるのだ。平地のない、ごつごつした山々の姿に永い間影響されて生じる内面的な思考の傾向と、更にどこか艶々とした雅さを持った大内文化の余韻を」（新風土記叢書4『出雲・石見』小山書房、昭和18年）

鷗外誕生の文久2年は明治維新前夜の激動の年です。老中安藤信正が江戸城の坂下門外で尊皇派の水戸浪士に襲撃された「坂下門外の変」が起き、公武合体に伴い、14代将軍家茂と孝明天皇（明治天皇の父）の妹和宮《かずのみや》との政略結婚が行われました。討幕のため京都の寺田屋に集結していた薩摩藩の尊皇派の志士が暗殺された「寺田屋騒動」、神奈川の生麦で島津久光の行列に乱入したことを理由に英国人が刺殺された「生麦事件」が起こっています。鎖国が３００年近く続く日本を取り巻く国際情勢は激しく動き、国内も尊王攘夷派と開国佐幕派との対立抗争が激化した時代でした。

もし、身分制度が固定した幕藩体制が続いていれば、鷗外はその生涯を山間の地、4万3千石の亀井公の御典医で終えたでしょう。鷗外の運命は明治維新によって開かれたと言えます。国家の近代化と軌を一にして、自己形成を成していくのも時代の恩寵です。鷗外は軍医にして文豪という二つの生涯を生き、しかも、国家の近代化と共に歩みます。その鷗外の一生には、醒めた人の苦悩と悲哀とがあります。

作家個人が時代状況の中で抱え込まざるを得ない問題と、国家が近代化を進める上で内包する問題との衝突、葛藤は避け得ないからです。明治の日本が西欧列強と肩を並べるべく富国強兵の道を進む中で、鷗外は終始、矛盾や挫折感を感じ続けました。

一見、保守的と批判されようとも、時には国家の懐に飛び込み、文芸取締に関して逆提言をすることで、自由と美を守り抜こうとしました。明治から大正への激動期において、ひたすら自己完成を求め、一つの生涯を貫くほうが上手な生き方かもしれません。鷗外は自己を鞭打ちつつ、強靭な精神で二つの生涯を、苦悩と挫折と諦念を感じながらも、闘い続けたのです。それゆえに、その生き方と文業に魅力があります。

父祖の地へ回帰

慶応3年（1867）、5歳になった鷗外は養老館で村田久兵衛に『論語』、明治元年に親戚で養老館塾長だった米原佐《たすく》に『孟子』の個人教授を受けています。さらに蘭学も学びました。

明治5年（1872）6月、西周の勧めもあり10歳の鷗外は父と共に上京し、鷗外は西宅に寄宿して本郷壱岐の進文学社で主にドイツ語を学び、東京医学校（後の東大医学部）に入学します。予科2年、本科5年の学業を終えた鷗外は明治14年7月、東京大学医学部を28人中8番の成績で卒業します。

西南戦争が終わると、明治政府は外国人教師に代わる日本人の育成を目指し、東大卒業生の成績1、2番を文部省派遣留学生として西欧に送ります。やがて、天皇に忠誠を尽くす兵士、官吏であることを規定した「参謀本部条例改正」「官吏服務規律改定」が公布され、明治22年（1889）の憲法発布、23年の教育勅語の渙発、国会開設と日本の国のかたちが整っていきます。

鷗外は西欧留学の志高く、陸軍省に入り軍医に内定すると陸軍軍医副（中尉相当）になり、東京陸軍病院に勤務して、勉強する官吏への道へと進んだのです。明治17年（１８８４）、衛生学を修めるとともにドイツ帝国陸軍の衛生制度を調べるため、同年８月、陸軍省派遣留学生としてドイツに渡ります。最初の１年はライプツィヒ大学、次いで、ドレスデンやミュンヘン、ベルリンなどで学びました。

帰国は明治21年（１８８８）で、その直後、ドイツ人女性が来日してひと月滞在する出来事があり、これが小説「舞姫」の素材となります。作家活動の始まりは明治22年（１８８９）、読売新聞の付録に発表した「小説論」で、以後、小説家・翻訳家として医師と二足の草鞋《わらじ》を履き、小説『うたかたの記』や翻訳『ファウスト』などを発表します。

ところが、大正元年（１９１２）９月13日、明治天皇の大喪の礼が行われた日の夜、乃木希典大将が夫人とともに殉死したのを機に、作風を一転させます。直後に発表したのが短編『興津弥五右衛門の遺書』で、次が代表作となる『阿部一族』です。以後、鷗外は歴史小説だけを書き続け、テーマは一貫して「家」でした。

そして、大正11年（1922）7月9日に60歳で亡くなる前の6日、親友の賀古鶴所《つるど》に口述筆記させたのが、よく知られた遺言です。全文は次の通りで、原文に読点はありません。

「余ハ少年ノ時ヨリ老死ニ至ルマデ一切秘密無ク交際シタル友ハ賀古鶴所《つるど》君ナリ、コ、ニ死ニ臨ンテ賀古君ノ一筆ヲ煩ハス、死ハ一切ヲ打チ切ル重大事件ナリ奈何ナル官憲威力ト雖此ニ反抗スル事ヲ得スト信ス、余ハ石見人森　林太郎トシテ死セント欲ス、宮内省陸軍皆縁故アレドモ生死別ル、瞬間アラユル外形的取扱ヒヲ辭ス、森　林太郎トシテ死セントス、墓ハ　森　林太郎墓ノ外一字モホル可ラス、書ハ中村不折ニ依託シ宮内省陸軍ノ榮典ハ絶對ニ取リヤメヲ請フ、手續ハソレゾレアルベシ、コレ唯一ノ友人ニ云ヒ殘スモノニシテ何人ノ容喙モ許サス

大正十一年七月六日　森　林太郎言　賀古鶴所書」

賀古は当時の様子を次のように伝えています。

「6日の朝、電話で来てくれというので行くと、『自分は一個の石見の人、森林太郎で死にたい。死んだ以上、総ての事はお上へ対し無礼にならないようにしてくれ。墓標は中村不折君に書いて貰ってくれ。単に「森林太郎墓」として、それに一字も加えてくれるな』

と遺言し、其夜から漸次昏睡状態に入り、９日の朝７時に絶命いたされました」

死に臨んで鷗外は己を「石見の人」と自己規定しました。そこで生まれ、幼少期を過ごし養老館で教育を受け、人となった地です。出郷してからは生涯、帰ることがなかった津和野を墳墓の地とし、鷗外の精神は「父祖の地」へ「私」として回帰したのです。

津和野藩の教育

鷗外のほかにも多くの文人が津和野に生まれています。学者で和算の大家として江戸・北海道間の海路図を作成した堀田仁助《にすけ》、シーボルトの弟子の蘭医・末木蘭斎、維新の尊王攘夷思想の支柱となった国学者で神道家の大国隆正、森家と婚姻関係になる哲学者の西周、大国隆正の高弟で明治天皇の侍講を務めた福羽美静《よししず》、君が代を選定した国学者で歌人の加部厳夫《いつお》らです。

明治天皇に『艱民図《かんみんず》』を献上した画家の山本琴谷《きんこく》、坪内逍遥や鷗外、永井荷風、芥川龍之介らの小説の校正を手掛け、校正の神様と言われた神代種亮《こうしろたねあき》、伊藤佐喜雄の母・井沢蘭奢《らんじゃ》は大正中期の新劇女優で、新劇協会の「マダムX」のヒロイン蘭子が当たり役でした。

津和野藩の教育は、7代藩主亀井矩貞《のりさだ》が藩政改革の主柱に教育を置き、藩校養老館の設立を目指します。8代矩賢《のりかた》は尾藤二洲《じしゅう》、頼春水の推挙により山崎闇斎の学統を引き、越後流の兵学にも通じた山口景徳を招聘し、天明6年（1786）4月、城下森村の下中島に藩校を開きます。

天保の飢饉の直後、11代藩主となった亀井茲監《これみ》は特産品の石州和紙と蝋《ろう》の増産を奨励し、他藩に販売して財政再建に努めました。さらに、嘉永元年（1848）から2年にかけて養老館の規模拡大と教学改革に着手し、漢学、医学、礼学、数学、兵学の他に国学を、医学に蘭医科を設け、岡熊臣に再度、学則を作らせました。

学則には「道は、天皇《すめらみこと》の天下《あめのした》を治《しろし》め給ふ大道にして、開闢《かいびゃく》以来地に堕ちず……天皇は古道《いにしえのみち》に順考して政《まつりごと》を為給ふと。……学は道を知るもの、道を行ふことは其人にあり。但し、其学に志すや本を探りて隠れたるを顕し、紊《みだ》れたるを釐《おさ》めて、これを正しきに返し」とあり、さらに「学はまさに名分を正し、大義を知るを以て要とす」とあります。

学則には尊王思想が色濃く漂い、国家有用の学問が志向されています。さらに国学を諸学の最上位に位置付け、大国隆正は「本学」と名付けたところに、他の藩校にない養老館の特徴があります。

津和野本学としての国学は、岡熊臣、大国隆正、福羽美静、加部厳夫と継承され、神葬祭復興運動や神仏分離、国家神道政策、明治天皇の即位式、大嘗祭の立案、君が代の選定など祭政一致の思想が、明治国家の形成に大きな影響を与えました。

国学者の大国隆正、岡熊臣は平田篤胤の学統を、養老館初代館長の儒学者・山口景徳は山崎闇斎の学統を引いています。幕府の官学は朱子学で、林家の学問が正統とされていました。闇斎の学統は朱子学でも林家とは別系統で、闇斎は儒学と神道との融合、調和を図った人でもあります。津和野の儒学も尊王愛国の思想に支えられ、修養実践を旨としていました。それゆえ、漢学の上に国学を置き、本学としても矛盾をきたさず、動的な激しさを持つ学問になっていました。

蘭医科の新設は国学奨励と一見、アンバランスに見えますが、明治政府の欧化政策の精神、いわゆる「和魂洋才」の先進的な実践例として特筆されるべきで、亀井茲監の時局判断の正しさと先見性が窺えます。

日本人を清潔好きにした神道の祓と禊

浄めと祓い

日本古来の神道は明《あか》く浄《きよ》い宗教と言われ、明浄を尊び、罪や穢れを忌み嫌う心性は日本文化の基層にあります。清浄を尊び不浄を避ける感性が日本人の宗教意識の基礎にあり、そこから生まれた習俗や儀礼が形式化されたのが神道で、日本人の生き方の宗教的表現と言えます。それは茶道や華道などいろいろな芸事にも入っていて、日本人の暮らしの芯になっています。

明浄が人間生来の姿で、それを神が好まれるため、私たちは明浄な心身になることで神と交流し融和することができると信じられてきました。神社に詣でると、最初に手水舎で手を洗い、口をすすぎます。神事に参列すると、まず神職によるお祓いを受けるのも、心身の罪穢れを祓い除いて、明浄な姿になるためです。この儀礼なしに神道は成立せず、神前で行う祈願や感謝、奉告、慰霊など全ての神事の大前提になるのが「浄め」で、それを実現するのが「祓い」なのです。

祓いの方法は大きく分けて二つあります。一つは水を用いる「禊ぎ」で、よくないことを忘れたことにするのを「水に流す」というもので、いかにも神道的な発想です。もう一つは罪穢れを幣《ぬさ》（麻）や形代《かたしろ》に託してなくす「祓い」で、神事の初めに神職が行います。

禊祓の起源は『古事記』『日本書紀』の神話にあります。日本の国を産んだのは夫婦神のイザナギとイザナミで、イザナミは火の神を産んだのが原因で死に、黄泉の国という穢れた地下の世界に行ってしまいます。妻に会いたいイザナギは黄泉の国に行き、イザナミに国産みが未完成なので地上に帰るよう話します。しかしイザナミは、既に黄泉の国の食べ物を食べてしまったので帰れないと答え、それでもイザナギが説得すると、黄泉の神に相談してくるので、その間、私を探さないようにと言ってその場を去ります。

ところが、我慢できなくなったイザナギが探して見つけた妻の姿は、腐乱した死体にウジがたかり、雷が鳴っているような恐ろしいものでした。姿を見られたイザナミは、「恥をかかされた」と憤り、イザナギを追いかけます。何とか逃げ切り、中つ国（地上世界）に帰ったイザナギは、黄泉の国で付いた穢れを洗い清めるために、筑紫の日向の橘の小門《おど》の阿波岐原《あはぎはら》で禊ぎをしました。これが禊の起源で、その時生まれた神が、アマテラスとツクヨミ、スサノオです。

海上を治めるようになったスサノオが、母（イザナミ）に会うため根の国（黄泉）に行きたいと泣いて暴れるので、姉のアマテラスがそれを許すと、挨拶のため天上に来たスサノオが乱暴狼藉の限りを尽くしたため、怒ったアマテラスは岩戸に身を隠してしまいます。それが天岩戸神話の始まりで、罪を犯したスサノオに対して八百万の神は、「千座《ちくら》の置戸の祓具《はらえつもの》を負わせた」と『古事記』『日本書紀』にあり、これが祓の起源とされています。千座の置戸とはたくさんの代償物という意味で、それが祓には必要だとされていたことに古代法制の起源がうかがえます。

神社での大祓

神社では夏冬の年2回、「大祓」があり、もともと個人の祓ではなく国家的な行事で、宮中でも行われています。6月末日の大祓は「夏越《なごし》の祓」と呼ばれ、境内に立てられた茅の輪を三回くぐります。12月末日の大祓が「年越《としこし》の大祓」で、新しい年を迎えるために心身を清めます。

大祓は、日本神話にある根の国（黄泉）に国土の一切の罪穢れを祓い遣る儀式として始まりました。恒例の大祓は年二回、宮中と伊勢神宮をはじめ全国の神社で行われ、臨時の大祓は大嘗祭など特別な祭事や神葬祭の忌明けの時などに行われます。もっとも伊勢神宮では、6月と12月の大祓のほかに、2月の祈年祭《としごいのまつり》、5月の神衣祭《かんみそのまつり》、6月の月次祭《つきなみさい》、10月の神嘗祭《かんなめさい》、11月の新嘗祭《にいなめさい》、12月の月次祭の各大祭の前月末日にも、五十鈴川のほとりで大祓式が行われます。また全国の神社で、毎朝の神拝行事に際し、大祓詞を奉唱するところが増えています。

年二回になったのは一年を二期に分ける思惟形式が古来、日本人にあったからでしょう。月次祭や大殿祭《おおとのほがい》、御門祭《みかどほがい》、鎮火祭《ちんかさい》（ほしずめのまつり）、道饗祭《みちあえのまつり》なども毎年6月と12月にあり、神社の例祭も、規則上は一回でありながら、同規定の祭を半年後くらいに行い、結果的に毎年二回とするところが多くなりました。暦には春分と秋分、夏至と冬至など半年周期に節月があります。経済に上半期、下半期があるのも、古来の慣例によるものでしょう。

大祓式に用いられる大祓詞は、中臣氏が宣読を担当したことから中臣祓詞《なかとみのはらえことば》と呼ばれます。これは神に奏上するものではなく、参集した百官に宣り聞かせるものです。内容は、葦原中国平定から降臨した天孫が日本を治めるまでが語られ、国民が犯してしまう罪容を「天つ罪・国つ罪」として列挙し、罪の祓い方が述べられます。

天つ罪は、スサノオが高天原で犯した罪で、畔を壊し、溝を埋めるなどいずれも農耕を妨害する行為です。国つ罪は身体的な異常による穢れや近親相姦など反社会的な性行為、天災、他者の生命や財産を損なう呪いなどの罪で、今日では差別的な内容もあるため、具体的な罪の列挙は省略されています。

大祓式は応仁の乱でしばらく中断されましたが、江戸時代の元禄4年（1691）に再興され、明治4年（1872）に節折《よおり》大祓式復興が布告され、旧儀が再興されました。戦後の現憲法下では大祓が国家行事ではなくなり、宮中では内廷行事として、全国の神社では各社の行事として行われています。

節折とは6月と12月の末日に行われる天皇の大祓で、平安時代の村上天皇の時代からの記録があります。当日の午後2時、天皇は御小直衣《おんこのうし》という装束で宮殿正殿の竹の間にお出ましになり、荒世《あらよ》の儀、和世《にこよ》の儀が二度繰り返されます。

荒世《あらよ》の儀は、まず御贖物《おんあがもの》の白い絹の御服を掌典が侍従を介して天皇にお勧めすると、ほどなく侍従を経て掌典に下されます。次に、紅白の絹を付けた榊の御麻《みぬさ》をお勧めすると、天皇は御麻で体を撫で、お返しされます。

次に、侍従が篠竹で天皇の体の寸法をとり、量るたびに篠竹に墨で印をつけ、掌典補に渡すと、掌典補は印のところで篠竹を折り、赤焼きの壺に三度息を吹き込まれて終わります。

続いての和世の儀は、白絹ではなく紅絹の御服が用いられるところだけが異なり、同様に行われます。荒世と和世《にこよ》の儀があるのは、天皇の御魂を荒御魂の身《よ》、和御魂の身とする折口信夫の説が有力視されています。

宮中の大祓式は節折に次いで午後３時から、神嘉殿の前庭に皇族代表と宮内官、皇宮護衛官らが参列して行われます。まず一人の掌典が大祓詞を奏申し、大麻で参列者を祓い、次に掌典補が祓いの料物を持って退出し、参列者全員が退出して終わります。

伊勢神宮では、皇大神宮（内宮）の五十鈴川に近い第一鳥居内の祓所《はらえど》で行われます。参進してきた祭主以下諸員が所定の位置につくと、宮掌が諸員に榊を分け、諸員は一本ずつ手に取ります。次に権禰宜が大祓詞を奏申し、大麻と千切散米（玄米）で諸員を祓い清めます。次に諸員は榊を前に置いて一拝し、榊に息を吹きかけ、二拍手し、次に榊を手に持って一拝し、宮掌《くじょう》が諸員から榊を受け取り、辛櫃《からひつ》に納め、祓えつ物（麻絹）と祓えの具（大麻と千切散米）を撤して辛櫃に納め、これを五十鈴川に流し、諸員が退出して終わります。

古くは神宮の大祓は輪越神事《わごしのしんじ》と呼ばれ、茅の輪、人形などの行事が行われていました。今の榊は人形《ひとがた》に代わるものと思われます。

神事には榊が使われます。榊は賢木とも書かれ、ツバキ科の常緑樹で、関東以西の山林中に自生し、葉は卵形でつやがあります。照葉樹は日本の豊かな自然を代表する植物で、身近にあって緑が長く保たれることから、古来、神が下りてくる依り代・神代《かみしろ》として使われてきました。スギやヒノキなどの針葉樹も使われます。上賀茂神社では白砂で作る円錐の「立砂《たてずな》」が依り代として、拝殿の正面に設けられますから、砂が大地を代表していると思われます。

全国の神社の大半、約8万社は伊勢神宮を本宗とする昭和21年（１０４６）に設立された宗教法人神社本庁の傘下にあり、大祓は本庁の規定に沿って行われます。

あらかじめ、祓所の案《あん》（机）に祓えつ物（5尺の木綿と麻布）を入れた折櫃二つと、榊の枝に紙垂《しで》を付けた大麻《おおぬさ》と紙と麻を細かく切った切麻を入れた折櫃《おりびつ》を置いておきます。夕方の所定の時刻に、諸員が手水を使って祓所に集まり、それぞれ切麻と人形《ひとがた》を持ち、祓主が大祓詞を宣読します。宮中と伊勢神宮では祓所の神に奏上するのですが、神社本庁の規定では、その型と諸員に向けて宣り下す型があり、いずれかで行われます。

次に、諸員は切麻を体に散らして祓い、さらに人形《ひとがた》で体の各所を祓い人形に三度息を吹き治めます。大麻所役が大麻で諸員を祓い、次に所役が祓えつ物と祓の具を持って川や海に向かい、諸員が退下して終わります。

形代や麻や木綿を解いた解縄《ときなわ》を用いる場合は、大祓詞宣読の後にその行事を行い、茅の輪がある場合は、大麻の祓いの後に三度回って茅の輪をくぐります。

茅の輪はチガヤを束ねた大きな輪で、６月末日の夏越の節供に社頭に設置され、これをくぐると災いを避けられるとされています。『備後国風土記』によると、北海にいた武塔《むとう》の神が南方に行った折、夜になったので宿を請うたところ、弟の巨旦将来《こたんしょうらい》は富んでいたのに断り、兄の蘇民《そみん》将来は貧しいが喜んで宿を貸したことから、武塔の神は、茅の輪を作り、腰に下げれば災いを免れることを兄に教えました。茅の輪は最初は小さなものでしたが、次第に大きくなり、これをくぐって罪やけがれを取り除くようになったのです。「蘇民将来」と記した護符は、日本各地のスサノオなど国つ神系の神を祀る神社で授与され、災厄を払い、疫病を除いて、福を招く神として信仰され、除災のため、住居の門口に「蘇民将来子孫」と書いた札を貼っている家もあります。

禊の仕方

禊は水の浄祓力《じょうばつりょく》によって体の罪穢れを祓うもので、沐浴や垢離《こり》（水垢離）といわれ、海で行う潮けり、潮浴びもあります。垢離は山岳信仰や熊野詣で古くから行われてきました。女人禁制の歴史から、垢離の際は女性を避け、男性が作る精進料理を食べますが、今日では禁制が緩められてきています。垢離を取る際は裸体が本来ですが、男性は白鉢巻に白褌、女性は白鉢巻に白半長襦袢を着ています。滝や海で、合掌しながら「祓い給い、清め給い」と唱え、祓詞を唱えることもあります。「イーエッ」「エーイッ」「エッサ、エッサ」など掛け声をしながら全身運動をしたり、両手をお腹の前に組み、上下に振りながら「祓戸の大神」と連唱したり、大祓詞を斉唱したりします。

「みそぎ選挙」も神道の禊から来たもので、一定の社会的制裁を受けることで、罪のない状態に戻ったと認められるわけです。

お祓いには大麻が使われます。「ぬさ」は麻の古い名前で、アマテラスの天岩戸の説話で奉斎された五百津真賢木《いほつまさかき》に由来します。大幣と表記するのは神への供え物という意味から。大麻は、麻だけのものから紙垂に麻を付けたもの、榊に紙垂や麻を付けたものなどがあります。紙垂は、天の岩戸の前で賢木の枝に下げた「白丹寸手《しらにきて》」「青丹寸手《あをにきて》」に由来しています。いずれも白い清浄さに罪穢れを祓う力があるとされてきたのでしょう。

ところで、祓われた罪穢れは最後にどこに行くのか。神道では、上空は神々がおられる高天原ですから、罪穢れを天空に吹き飛ばすことは許されません。

大祓詞では、祓い清められた罪が急流にいる瀬織津比売《せおりつひめ》によって海に流され、海にいる速開都比売《はやあきつひめ》が罪を呑み込み、息を吹き出すと気吹戸主《いぶきどぬし》が黄泉の国に吹き放ち、最後に黄泉の国にいる速佐須良比売《はやさすらひめ》という神が、集めた罪をどこかに運び去り、消し去ってくれる、とあります。これら祓を司る神々の総称が祓戸大神《はらえどのおおかみ》です。

日本人の死生観と神道

本居宣長の死生観

近世の代表的な国学者の死後観、霊魂観では、本居宣長の「死ねば、善人も悪人も尊い人も卑しい人も黄泉の国に行くであろう」という主張が有名です。死後の霊魂がきたなく穢れた黄泉の国へ行くことは大変悲しいことだが、神の仕業なので人間の力ではどうすることもできないから、死を悲しいことと受け止めることが大事だと述べたのです。死後の霊魂が黄泉の国へ行くという主張も、古伝承に基づいた考えで、それなりに一貫していま す。宣長は、死への恐怖や不安は、極楽のようなあの世において解消されるものではなく、そもそも期待していないのです。宣長は死について「神道は安心《あんじん》なきが安心」と言い、死んで悲しい、つらいと思うのは当然なので、それをそのまま受け入れ、淡々と生きればいいとしました。多くの日本人はそう生きてきたのです。

その一方、宣長は魂まつりの重要性を認め、死後の霊魂は「家の神」となるとし、この世に留まる魂の存在も是認しています。

儒教や仏教の排除を主張しながら、10代から浄土教の信仰が篤かった宣長は、相続その他の一般的な内容の他、命日の定め方、供養、墓の設計まで、詳細な「遺言書」を残しています。宣長は松阪の町から遠くは三河や富士の頂きまでも望む山室山を愛し、自らの墓場と決めていました。遺言通りに造られた墓の碑文は宣長の自筆で、墓の背後には山桜が植えられ、毎年4月末には満開になります。「山室に千とせの春の宿しめて　風にしられぬ花をこそ見め」は、亡くなる1年前に、門人たちとこの地に遊び、墓所を選定した時の歌で、墓の傍らには、没後の門人平田篤胤らの歌碑があります。

平田篤胤の死生観

これに対して、宣長の没後の弟子を任じた平田篤胤は、宣長以上に積極的に「死」の問題について述べています。それは、国学者の多くが、晩年になると仏教的死後観や垂加神道の日之少宮《ひのわかみや》の伝に心を奪われている状況を知っていたからで、宣長の黄泉の国へ行くという説では死後の安心が得られなかったのです。

篤胤が自らの死生観を詳細に論じたのが『霊能真柱《たまのみはしら》』です。「霊魂は不滅で、幽冥界に生き続け、幽冥界より現世は見分でき、死後の霊は現世の人と祭りを通して交わることができる」と説いています。幽冥界とはこの世に作られた墓所で、神は現御身《うつしおみ》のまま神社に鎮座まします。そして幽冥界にも衣食住が備わり、死後の霊は現世の子孫を保護するとされています。つまり、この世は「寓世《ぐうせ》（仮の世）」であり、幽冥が「本世《もとつよ》」であるとし、来世主義的世界観を導き出しています。幽界は大国主命が司る世界で、大国主命がみずから退隠した勇気によって死後の安心は保証されているとしました。

篤胤は幽界研究に興味を持ち、幽界に往来したと称する少年や別人に生まれ変わったという者の言葉を信じ、そこから直接幽界の事情を著述しています。天狗小僧寅吉の異界での話を聞き書きした篤胤は、絵師に神仙界の「七生舞」を描かせています。神仙界を訪れ、そこの住人たちから呪術の修行を受けて帰ってきたという寅吉から聞き出した幽冥界のようすを『仙境異聞』として出版しています。

続く『勝五郎再生記聞』は、死んで生まれ変わったという武蔵国多摩郡の農民小谷田勝五郎からの聞き書きです。妖怪俗談を集めた『新鬼人論』では日本の民俗学的方向を示し、近代になって柳田國男や折口信夫らの継承するところとなります。

篤胤は、他界を現世と切り離しては考えず、黄泉の国の存在は認めましたが、人は死後、黄泉の国へいく霊と、神になる霊とに分かれ、よい志をもっていた人の霊は神となって、神々の国である幽冥界へ行くのだとしました。篤胤は、現実の習俗などから類推して、死者の魂が異界へおもむくのは間違いないが、その異界は現世のあらゆる場所に遍在しているとし、神々が神社に鎮座しているように、死者の魂は墓上に留まるとしたのです。

現世から幽界を見ることはできませんが、死者の魂はこの世から離れても、人々の身近なところにある幽界にいて、現世のことを見ており、祭祀を通じて生者と交流し、永遠に近親者や縁者を見守っています。これは近代以降、民俗学が明らかにした日本の伝統的な他界観に近く、その意味で、平田国学は民俗学の成立に強い影響を及ぼしています。

篤胤が、現世は仮の世で、死後の世界こそ本当の世界であるとしたのは漢訳聖書を通して学んだキリスト教の影響で、篤胤は聖書も『古事記』や仏典などと同じく古伝の一つと考え、研究していたのです。

岡熊臣の死生観

宣長と篤胤の中間説、あるいは折衷説を唱えたのが津和野の国学者・岡熊臣《おかくまおみ》で、神葬祭復興運動を展開しました。熊臣の死生観は、人間の霊魂は本つ霊と幸魂《さきみたま》・奇魂《くしみたま》で構成され、死後、本つ霊は根の国を経て月夜見国へ行き、幸魂・奇魂はこの世にある幽冥界に留まり、天皇や子孫を守護する働きをするという説です。前者が宣長説を、後者が篤胤説を採用したことは明白です。

熊臣は、人間の霊魂は産霊神《むすひのかみ》の授け給えるもので、初めからこの世に残り留まるべき魂と、本元の死に赴く魂とは別々に備わり生まれているもので、死後、黄泉の国（月夜見国）へ行くのは清らかな本元の魂です。

本元の霊魂が身を離れると、この世に残る魂は、亡骸を離れながらも、その近くに永く残ります。初めからこの世に残り留まるべき絆としての霊だからです。そして、祭りをすれば時として顕れ、祭りをしないと亡骸を葬った場所の辺りに永く寂然として隠れているものとされます。霊の留まる所を、古代よりわが国では幽事や幽府、神の朝府とも称し、唐では幽冥、幽魂などといい神霊の境界としていました。

　このように説明することで霊魂の不滅を導き出し、こうした死後の霊魂観を神道人が身につけることにより、心の中に「大安心」を保つことができます。死に直面しても、この道を知り、悟っていれば、安心立命でき、道理をわきまえた者として惑うことがないと考えたのです。宣長が山室山に墓を造り、永久の住処としたのも、畢竟この道理であると熊臣は述べています。

　宣長の歌に「今よりははかなき身となげかじよ千代のすみかをもとめえつれば」とあるように、本人が「ここが永久の住処」と思い定めておけば、霊魂はそこに永住するとしています。

　熊臣は著書『千代の住処《すみか》』で、「そもそも世に生まれて人にあるもの、貴も賤も賢も愚なるも

著者編集の『神葬祭大辞典』

齢わかきほどこそあれ、やや老いらくの末、いくほどもなき身となれば、かの身まかりて亡霊《なきたま》の行方いづこにや、いかなる処に往きいたりて、いかなるさまにかはり行くらんなど、夜のねざめに思ひ出でては腸《はらわた》をしぼり、胸をくるしめ、かひなき心づかひのみするは、神代の昔はいざしらず、中頃の世よりこなた皆人の心習《こころならい》ぞかし」と述べています。

どんな人にも〝死〟は必ず訪れ、文字通り待ったなしでやってきます。死に臨むと、いかなる人も不安になり、思い悩むものです。科学がどんなに進歩し、合理化が進んだ現代社会においても、死に臨む心情は昔も今もあまり変化がないものと思われます。

宣長・篤胤・熊臣の死後観を整理すると、それぞれ主張に相違はあっても、死後の霊魂はこの世に留まり、子孫らの生成発展を守護することでは一致しています。

柳田國男の『先祖の話』

循環的な自然観を人の死後や生前にまで拡張する思想は古来、日本人にあり、それを明らかにしたのが柳田國男や折口信夫らの日本民俗学です。人が生まれてくるのは単なる男女の営みからで、死んだら無になるというのは、日本人の大多数が支持する考えではありません。「つながりの中にあるいのち」が日本人の生命観です。

柳田國男は、死後の霊魂は山上に留まり、この世の発展を見守るという一元的な死後の世界を主張しています。これに対して折口信夫は、柳田説を批判し、二元的世界を強調しました。人生を全うし、完成した霊魂は、神の国（地上他界）へ行くが、横死や不慮の死をした未完成な霊魂が行く、罪を浄めるため煉獄のような世界もあるとしています。死後の霊魂が祭りを通してこの世の人々と交流するという説では一致しています。

柳田國男が終戦前後に『先祖の話』を書いた目的は、日本に古くから伝わって来た「家」を、未来永劫にわたり子孫に引き継いでいくためです。そのため柳田は先祖について語り、先祖に対する信仰は我が国古来の美風で、その先祖を祀ることに祭りの一義的な意味があったことを解明したといえます。家の存続に強くこだわったのは、敗戦前後になって日本の家族制度が変動し、家の連続性がおびやかされつつある中で、戦死した人々を祀るべき家が存続しなくては、英霊も浮かばれないという危機感からです。

柳田國男は、戦後日本の大きな課題が戦死者の鎮魂にあるとし、仏教受容のはるか昔から日本人が持ち続けてきた祖霊に対する信仰の回復を唱えました。仏教が説くように、死者は遠い極楽（浄土）や深い地獄に行くのではなく、家に近い故郷の山に留まり、常に家族を見守っていて、盆や彼岸には家族の元に帰ってくる――というのが民族の固有信仰だと言っています。今の日本人の多くも同じ実感を持っています。外来の仏教も、そうした日本古来の信仰や習俗を取り入れて広まったのです。

同書で柳田が主張しているのは、日本人の宗教的な感情の本質は血縁への信頼で、その感情が先祖崇拝を生み、それが先祖を神として祀ることにつながったと言っています。先祖教ともいうべきものが日本人の宗教の本質で、それは日本人がこの列島で生活を始めたころから変わらないと柳田は考えたのです。途中、仏教の影響で多少の変化は生じたにしても、先祖を神として祀ることは、日本人の宗教意識の本質的な部分として変わることはありませんでした。

人の死によって肉体は滅びますが、魂はどうなるのか。日本人は古くからその行方に思いを巡らし、亡き人の魂はいつまでもこの土地に留まり、愛しい人や子孫とともに生き、その幸せを見守ってくれると信じるようになりました。自然と共に暮らしてきた縄文人の死生観は、朝には昇り夕には沈む太陽のように循環的なもので、人の命も先祖から子孫へと循環するように感じていたことは、土偶や墓地などの遺跡からも推測できます。

いくら文明が発達しても、それによって日本人の死生観が極端に変わるとは思えません。神葬祭を通して民族の深層に脈づく精神性の原点に立ち返れば、私たちは古来の死の文化に目覚めるのではないでしょうか。それが現代人の空虚感や孤独感、愛する人を失った悲しみを癒やし、心の平安につながると期待して活動しています。神葬祭の精神と祭祀には、仏教伝来以前の祖霊信仰が鮮明に表現されています。

第6章　グローバル時代の神道

神事芸能で国際交流

きっかけは大阪万博

生田神社にある神事芸能団は、昭和50年（1970）の大阪万国博覧会のときに芸能好きの私が神道民俗芸能団を作ったのが始まりです。神事芸能で国際交流をするようになったのは、大阪万国博覧会でカナダのブリティッシュコロンビア館コミッショナーのジョン・サウスワース氏と仲良くなったのがきっかけでした。彼はブリティッシュコロンビア大学で日加経済交流の論文を書いた親日家です。私の大学の後輩が彼の秘書で、サウスワース氏からパビリオンでサンドウィッチを出すため、おいしいパン屋を紹介してほしいと頼まれたので、神戸のパン屋をいろいろ紹介しました。

その折、訪れた生田神社で見た獅子舞などの芸能に感動したサウスワース氏に、パビリオンの開会式を神道式で行うことを依頼されたのです。そこで、祝詞を上げ、太鼓や獅子舞を披露すると大喜びでした。水の江瀧子が司会する結婚式でも芸能を披露し、閉会式では香港館と獅子舞の共演を行いました。そうしたことのお礼にと、サウスワース氏から贈られたのがひすいの狛犬で、生田神社会館に飾っています。また彼が、神職が使う笏《しゃく》が欲しいというので、西陣織の袋に入れて差し上げました。

その後、昭和52年（１９７７）、日本人のカナダ移住百年祭に、相撲の二子山部屋一行や帆船北斗丸と共に、生田神社の芸能がブリティッシュコロンビア州から招かれたので、日加親善神事芸能使節団を結成し、私が団長でカナダに行きました。バンクーバー市とビクトリア市で、舞楽に雅楽、神戸太鼓、獅子舞、巫女舞などを披露し、次いでカナダで開かれた国際交通通信博覧会にも招かれ、神事芸能を上演してカナダとの友好を深めました。カナダ先住民をポートピア博に招いて、民俗芸能を演じてもらったこともあります。

平成２年（１９９０）には、ドイツ南部のバーリンゲンに本拠があるフロンメルン民俗舞踊団が主催する国際民族舞踊祭に、生田神社の民俗芸能団が日本を代表して招待されました。世界の人たちが手をつなぐのは、イデオロギーよりも民俗芸能です。神道の教義も言葉で説明するのは難しいのですが、神事芸能だと感覚的に伝わります。

昭和56年（１９８１）の神戸ポートアイランド博覧会では、カナダのツーバイフォー工法を導入している建築業界からの依頼で、私がプロデュースしてカナダ先住民のサルファイダ民俗舞踊団とバグパイプ団を招きました。同年が国際障害者年だったことから、熊本県の養護施設・松橋東支援学校からも公演を頼まれ、雲仙・阿蘇の観光を含め一行を案内しました。

神道の教義を言葉で説明するのは難しく、神事芸能だと感覚的に伝わりやすいことは先に述べたとおりですが、民俗芸能にはそれに似たところがあります。そこで、宗教間の対話や平和運動などを言葉で言うより、どこの国にもある民俗芸能で手をつなごうじゃないかという運動をしているわけです。

その後、私は海外で開かれる国際宗教学会や世界宗教者平和会議（ＷＣＲＰ）などに出席して、各国の宗教家や宗教学者と親しく語り合う機会を得ましたが、神社神道に対する彼らの関心は殊のほか強いですね。西欧文明が科学技術の極度の進歩により混迷状態にあるとき、神と自然と人間との融合に立つ神社神道の根本思想が認められるようになったのは当然のことでしょう。イギリスの世界的な歴史家アーノルド・トインビーは、かつて伊勢神宮に参拝した印象について、「この聖なる場所ですべての宗教の基本的な統合（原理）を感じた」と記しています。

わが国では古来、聖なるものの所在として、必ず重要な土地に神社が祀られました。そのことがおのずから、自然環境の保護に大きな役割を果たしてきたのです。古代から民族固有の信仰により、山や森が神聖視され、貴重な自然が保たれてきました。

ちなみに、昭和23年（1948）にGHQ（連合国軍総司令部）民間情報教育局がまとめた「Religions in Japan」には、「神道は自然環境と人間環境に対する人間の多様な反応の総合物であり、日本人の思想と行動の組織の中に解けがたく織り込まれた生活の道なのである」と定義しています。

世界宗教者平和会議

昭和49年（1974）にベルギーのルーヴェン・カトリック大学で第2回世界宗教者平和会議が「宗教と人間生活の質」をテーマに開催されました。第1日の「平和の祈り」は私が奉仕し、伊勢神宮の幡掛正浩師が解説しました。私は装束一式と雅楽のテープを持参し、会場のマリア・テレサ・カレッジ大講堂に「越天楽」の調べを流した後、明治天皇と昭和天皇の御製を入れた祝詞を奏上したのです。祈りは「感動的だ」「清楚で素晴らしい」

と大好評で、「あの祝詞はとてもいい、原稿が欲しい」という人も多く、私は握手攻めにあいました。

会議の後、ローマを訪れ、バチカンで教皇パウロ6世に謁見しました。教皇はバチカンから約20キロ離れたカステル・ガンドルフォの別荘で静養されていました。記念撮影の後、一人ひとりと握手された教皇は純白の法衣に真っ赤な靴で私の前に立ち止まり、手をさしのべられました。緊張して握手したのですが、綿のように柔らかい手であったのを覚えています。

最近は宗教に影響されたテロなど、宗教の非寛容性、排他性が目立っています。そうした世界的な風潮の中で、神仏習合によって仏教を受容した神道が融和的な宗教として見直されてきています。進化論的な宗教学では、多神教は一神教より後れているとされてきたのですが、文化人類学の発達などにより、民族の宗教文化には優劣のないことが明らかになりました。むしろ異なる宗教文化から学び合う時代になったと言えます。

国際宗教都市としての神戸

華僑がお参りする諏訪神社

私の持論は「神戸は国際宗教都市」で、「ミナト神戸」は慶応3年（１８６８）の開港以来、多くの外国人が訪れ、居住するようになり、国際色豊かな都市として発展してきました。その間、国際都市ならではの出来事が起きています。明治23年（１８９０）には和歌山県串本沖で座礁・遭難したトルコ軍艦エルトゥールル号の生存者69人が神戸に滞在していました。大正９年（１９２０）にはロシア革命から逃れ、神戸に来た子供８００人を、その後、親元に送り届けるのに貢献したのが第8代神戸市長の勝田銀次郎です。

明治元年にはフランスからカトリック教会の宣教師が来神し、明治2年に居留地に教会堂を献堂しました。神戸中央教会の前身です。ロシア正教会は明治6年（１８７３）頃に伝えられ、大正2年（１９１３）に会堂（後のハリストス教会）が建てられました。１９１７年のロシア革命後は多くの亡命ロシア人が神戸に居住するようになります。聖公会の宣教師は明治9年（１８７６）に来神し、明治14年には神戸聖ミカエル教会の前身の教会が建設されました。

プロテスタントでは、明治3年（1870）にアメリカン・ボードの宣教師が来神し、明治4年に神戸ユニオン教会が開かれ、明治7年には西日本最古のプロテスタント教会として日本基督教団神戸教会が創設されています。神戸を象徴する建築の一つとされる神戸栄光教会は明治19年（1886）、米国南メソジスト教会の宣教師により建設され、その2年後に関西学院が創立されています。

中国人は明治25年（1892）に商売に成功した華僑が関帝廟を開きました。インド人はジャイナ教寺院やヒンズー教寺院、シク教寺院を、トルコ人は現存する日本最古のモスクである神戸モスクを、ユダヤ人はシナゴーグをと多くの宗教施設が創設され、それを中心に宗教コミュニティーが形成され、まさに国際宗教都市の様相を呈するようになったのです。毎年5月の神戸まつりでは各国の祭りのエッセンスが国際色豊かに披露されていましたが、2020年からコロナ禍で中止されています。

神戸には中国人が熱心に信仰する神社がいくつかあり、中でも中央区山本通の諏訪山の頂きにある諏訪神社は一風変わっています。参拝者の80%が中国人で、エキゾチックな朱色の楼門をくぐると、拝殿には「答謝神恩」や「有求皆応」「恵我華僑」などと書かれた献額が掲げられています。以前、本殿前の賽銭箱の右側に、中国式の参拝方法「一跪三叩頭《いっきさんこうとう》」に使われる、赤い長方形の跪拝台《きはいだい》が置かれていました。正月など特別な行事には、倉庫から出され置かれています。本殿の南側には「金亭」と呼ばれる「紙銭《しせん》」を焼くレンガ造りの炉があり、時折、主に台湾系の中国人が紙銭を炉に投げ込み、祈っているのを見かけます。

神戸生まれの作家・陳舜臣が「植民者が本国ふうの住居を建てようと思っても、風土や建築材料の関係で、まったくおなじものはつくれない。やむをえず、現地の同類のものと妥協する。それがコロニアル・スタイルなのだ。諏訪神社を華僑が拝むのは、信仰の面にあらわれたコロニアル・スタイルといえよう」（『神戸ものがたり』）と書いたのは鋭い考察です。

神戸の華僑は開港当時、10人余が長崎から来ました。広東省と浙江省からが多く、明治23年には福建省と広東省から１４３２人が来ています。関帝廟は武将の関羽を祀る道教の施設で、劉備への忠義を全うしたことから、商売人に崇拝されるようになりました。廟内には、海の神である媽祖《まさ》も祀られています。中央区の再度山《ふたたびさん》にある東寺真言宗の大龍寺も中国人がよくお参りする和気清麻呂が開いた寺で、空海が唐に渡る前と帰国後の二度（再度）参詣しています。

例大祭が「長崎くんち」と呼ばれる諏訪神社が長崎にあります。同じ諏訪神社が神戸にもあり、しかも商売の神である稲荷神社も合祀されているので、その長崎から神戸に移住した華僑たちがお参りするようになったのではないでしょうか。中国人は健康のため早朝に散歩や体操をするのが好きで、諏訪神社が山の上にあったのも好まれた理由の一つと思います。今では、なぜ同社を信仰するようになったのか誰も知らないのですが、陳舜臣が言うようにコロニアル・スタイルとして華僑社会に定着したのでしょう。

初代ポルトガル領事を務め、日本人女性と結婚し、徳島の土になったモラエスは毎朝、諏訪神社に登って神戸港を見渡すのが日課でした。

北野国際まつり

神戸在住外国人の主導で昭和56年（１９８１）に始まった北野天満神社の「北野国際ま

つり」は神戸ならではの行事として注目されていました。北野町にある北野天満神社の氏子地域には神戸観光名所の一つ、異人館が立ち並んでいます。同社は、平清盛による福原遷都に際し、禁裏守護、鬼門鎮護の神として、京都の北野天満宮を勧請して祀られ、今年で鎮座843年になります。同社が名前の由来ともされる北野町は、昭和52年（1977）から翌年にかけて放映されたNHK連続テレビ小説「風見鶏」を機に異人館ブームが起こり、また宮本輝の小説『花の降る午後』がテレビドラマ化されて若い女性の間で人気が高まりました。

北野町には明治時代から外国人が居住し始め、北野天満神社の氏子の27％、約1900人が外国人です。内訳は、中国、韓国、インド、東南アジア各国、欧米をはじめ帝政ロシアからの亡命者やエスキモー（イヌイット）までいて、彼らの宗教も多種多様です。神戸に居住して二代目、三代目の人も多く、朝夕に同社に参り、浄財の募金にも進んで応じています。

とりわけ神社と外国人氏子との絆を強めたのは、昭和42年（1967）7月に同町を襲った大水害でした。住まいが土砂崩れに遭った外国人は北野天満神社に避難し、神社や町内会の炊き出しを受けたことから、神社への関心を一層深めたのです。子供にプレゼントする指輪の入魂式を頼みに神社に来る人もいて、神社の祭礼の縁日や盆踊りなども多くの外国人で賑わうようになりました。そして、各自の宗教とは別に、土地の神である北野天満神社の氏子になりたいという外国人も増えたのです。

もっとも、当初は盆踊りにしても、日本人が楽しそうに踊るのを遠目に見るだけでしたので、踊りの輪に入ってもらおうと当時の佐藤直邦宮司（現在は子息の典久宮司）が考えたのが「北野国際まつり」でした。佐藤宮司は長田神社と生田神社に奉職しており、生田神社が主管した私が団長の「日加親善神事芸能使節団」でカナダを訪れ、神社の国際交流を

北野国際まつりに集まった宗教者たち

経験していたので、北野天満神社の鎮座８００年祭にそれを思い立ったのです。

相談を受けた、貸しビル業でレストラン経営の三浦明定氏や、古美術商で日本文化研究家の米国人Ｊ・グラック氏らが中心になり、氏子地域の外国人団体や神戸外国人クラブなどに働きかけ、外国人主導の祭りを北野天満神社で開催することにしました。佐藤宮司は、「玉串拝礼は作法通り行うこと」とだけ言い、あとは企画から準備、演出まで一切、外国人ボランティア50人で組織する実行委員会に任せたそうです。

諸宗教による世界平和祈願祭

昭和56年（１９８１）の第一回で特に注目を集めたのは、７月25日夕方５時から神前で行われた諸宗教による世界平和祈願祭です。ユダヤ教、ヒンズー教、ゾロアスター教、シク教、バハイ教、仏教に修験道などが参加しました。残念ながら、キリスト教とイスラム教は参加しませんでした。

祭典は修祓・献饌《けんせん》に始まり、佐藤宮司の世界平和と国際交流発展を祈願する祝詞に続き、ユダヤ教のラビがヘブライ語で経典の一部を朗読、祈りの言葉に「日本国天皇陛下、総理大臣の下に主のお恵みを施したまえ、願わくは彼らを保護し、守護し、助けたまえ」の一節が入っていたのも注目されました。さらに「全世界の国々やイスラエルに対して、親切に行動できるよう導きたまえ、イスラエルが安全でありますように、神々の慈しみ深い意志によりシオンに救世主がおいでになることを心より待ち望んでいます」と結んだのが印象的でした。

続いてヒンズー教は、サリー姿の女性も混じる男女11人が、神前に敷いた絨毯の上で、太鼓やタンバリン、ボンゴなどを叩いて、神道の「警蹕《けいひつ》」と同じような神を招く唱え事をしながら、賑やかにお祈りをしました。スリ・サタヤ・サイババセンターのインド人で、毎週木曜日に神戸のインディアンクラブでインド舞踊を踊っているグループです。最後に、ヒンズー教の御神像の画像を神前に奉納しました。

次に、北野町自治会長である浄土宗浄福寺住職・浅野正運師の仏教の祈り、そして蛇之倉七尾山を行場とし布引に住む三本松寿峰女史が修験道の祈願をし、最後にグラック氏が、同年7月初めに世界の宗教家が一致して作成し、マザー・テレサがロンドンで発表した「世界平和祈願文」を読み上げました。

続いて、世界の共存共栄を祈るため、実行委員会が神戸駐在の各国領事館に働きかけて実現した、各国国旗の神前奉納が行われました。国旗奉納には本国での稟議が必要で、準備期間の短さから、奉納したのはアメリカ、イギリス、フランス、オランダ、インド、メキシコ、ブラジル、アルゼンチン、パキスタン、タイの10か国でした。

次に、世界の子供たち約30人が「フレンドシップ子供みこし」を担ぎ、北野天満神社から白い異人館まで「ワッショイ、ワッショイ」の掛け声も勇ましく、練り歩きました。

境内の露店には横文字が賑やかに並び、社務所ではインターナショナル生け花展、国際交流茶席、外国人が描いた絵馬展が催され、絵馬の題材の多

子供みこし

くは龍や民家など日本的なものでした。外国人が境内を仕切った露店では、「酒蔵」と題する水彩画の印刷や注連縄を張った酒樽のマス酒、古着の花嫁衣裳の内掛けや帯、留袖、矢絣《やがすり》の着物、唐草模様の風呂敷などが売られていました。着物店のパキスタン人の女性に聞くと、プレゼント用に買う外国人が多いそうでした。

日本の若い女性に人気だったのは「夢判断」の店で、「ガンダーラ」というインド料理店もありました。売り子は外国人ばかりという今までにない境内の風景で、結構繁昌していました。神楽殿ではパントマイムや創作舞踊、天津合気道、ディスコダンス、中華民族舞踊、胡弓演奏など、外国人が民族衣装で演じていました。

土俗的な神社の祭りを、外国人が主催者となって楽しんでいる様子は、神戸ならではのほほえましい風景で、これも国際宗教都市の一面と言えましょう。この北野国際まつりは平成7年（1995）1月17日の阪神淡路大震災により中断されています。

神道の寛容性

こうした祭りが神社で行われたのは神道の寛容性からで、神仏習合に見られるように他宗教との共存もいとわない柔軟性があります。神道は日本人の日常生活から生まれた自然宗教で、創唱宗教のように創始者はおらず、特定の教義や経典もないことから、そうした特徴があります。また、島国の日本には、沖縄のニライカナイのように、海の向こうからは良いものがやって来るという信仰があり、外国の文化や人たちを積極的に受容してきた歴史があります。しかも、それを徐々に日本化し、土着させていくというしなやかさも併せ持っています。

北野国際まつりを引き継いだのが、平成24年（２０１２）からＮＰＯ法人神戸平和研究所（杣《そま》浩二理事長）が毎年11月11日、神戸ポートピアホテルで主催する「世界平和　祈りの幕開け」です。杣氏は不動産業の㈱サンビルダー社長で、同研究所は諸外国の民俗や宗教に関する情報収集・発信を中心に活動しています。また、毎年10月20日には、立正佼成会神戸教会の西村季代子教会長ら教会員１００人が、生田神社拝殿で「平和の祈り」を捧げています。

あとがき

阪神・淡路大震災から28年目の記念日に本書のあとがきを記しています。思えば私が4歳の時に経験した阪神大水害から、国民学校1年生の昭和16年12月8日に勃発した大東亜戦争。そして昭和20年8月15日の昭和天皇の終戦の詔勅は疎開先で聞きました。

戦後は、新制の学区制による中学・高校・大学の教育を受け、生田神社に勤務するとともに、中学・高校・大学の教員を経験し、大阪万博を機に外国訪問は55か国に及びました。その後、伊勢湾台風から阪神・淡路大震災、東日本大震災と続き、さらにコロナ禍の恐怖にロシアによるウクライナ侵略など、思い起こせば幾多の天災・人災を体験してきました。災害は人や社会を進化させる面もあり、文字通り私には災害に育てられた思いもあります。

本書は傘寿を超え、卒寿を迎えるまでに、生田の杜《もり》にあって日本を思う一端を語り記してきた記事などのまとめです。

古くから日本人と共に歩んできた神社には、その地域と人々の歴史が刻まれています。「神戸」の名の元になった生田神社もその一つで、阪神・淡路大震災に見られるように、神戸は日本列島の中でも自然災害の多い土地であることから、当社の歴史はまさに被災と復旧の歴史でした。

しかし、災害を通して人々と社会は発展するもので、私もその一端を身をもって体験しました。阪神・淡路大震災で倒壊した社殿を再建した時のスローガン「がんばろう神戸！」は、当時の光景と共に今も私の胸に息づいています。

神戸は古代から瀬戸内海に面した良港で、それに着目したのが平清盛です。福原の都と大輪田泊を築き、宋から大量の銅銭を輸入して貨幣経済の時代を開きました。清盛の壮大な工事は、今のポートアイランドやハーバーランドのさきがけともいえ、その先見性に驚きます。

幕末の神戸開港に際し、外国人居留地の造成が行き詰っていたとき、当時の生田神社の神主が門前の神戸村をその用地として提供しています。神社というと保守的に思われがちですが、時代の先を見通す目があったのでしょう。

坂の上の雲を目指し駆け上っていた日本が、日清・日露戦争を経て欧米列強に伍するようになると、国民精神が弛緩《しかん》したような状況が生まれます。その時、人々に大きな感動を与えたのが白瀬南極探検隊の壮挙でした。その探検隊に生田神社の神職・島義武が参加していたことが、後に刊行した著書により分かったのです。彼が事務長を務めた別動隊は南極の鉱石を採取して帰り、それらの成果が戦後間もなく始まった国際的な南極観測に、敗戦国の日本も参加できる理由の一つになりました。

幕末の大政奉還から始まる明治の国づくりは、王政復古をスローガンに、神仏分離令（判然令）を発令するなど、欧米の近代国民国家をモデルにしながら、神社神道の国教化による国づくりを目指します。それを中心的に担ったのが国学者・平田篤胤の弟子たちですが、実務経験の不足からたちまち挫折し、それに代わったのが旧津和野藩の藩主以下家臣たちでした。その一人が、藩校養老館初代国学教師の岡熊臣《くまおみ》で、私は不思議な縁から博士論文に彼の業績と思想をまとめたのです。

今上陛下の学生時代からのご専門は水運で、兵庫の港を中心にした中世における瀬戸内海水運についてのご研究もあり、当地とのご縁の深さを感じます。

私も設立に一役買った、近畿を中心に125社寺による神仏霊場会は、神仏習合の日本的な信仰を現代に取り戻す試みの一つです。自然発生的な神道は、渡来した仏教の影響で神像や社殿、儀礼、教理を定めるようになり、明治や戦後の大変革をへて姿を変えてきました。私は学生時代からお寺が大好きで、奈良や京都の古寺巡りをし、薬師寺などで合宿したことが、諸宗教への理解を深めてくれました。

国際貿易都市である神戸は、世界の人たちがそれぞれの宗教を持ってきたので、国際宗教都市にもなっています。街を少し歩くだけで、キリスト教をはじめイスラム教、ユダヤ教、ヒンズー教、ゾロアスター教、シク教、バハイ教、仏教に修験道などの施設に出会います。神戸市には多様な宗教が共存できる街づくりを、世界のモデル都市として進めてほしいものです。

神社は人々が交流する「コミュニティー・センター」というのが、神職として学者として長年歩んできた私の実感です。本書を通しそれを感じていただければ、これ以上の光栄はありません。

本書刊行に当たり、宗教新聞編集長の多田則明氏と、アートヴィレッジの越智俊一社長に種々ご高配を頂きました。両氏に深い感謝とお礼を申し上げます。

あとがき

著者プロフィール

加藤隆久（かとう・たかひさ）

昭和９年岡山県生まれ。甲南大学文学部卒業、國學院大學大学院文学研究科専攻修士課程を修了し、生田神社の神職の傍ら大学で教鞭をとる。神戸女子大学教授、生田神社宮司を経て現在は名誉宮司。神社本庁長老。文学博士。神戸女子大学名誉教授。兵庫県芸術文化協会評議員、神戸芸術文化会議議長、神戸史談会会長、世界宗教者平和会議日本委員会顧問などを兼務。著書は『神社の史的研究』『神道津和野教学の研究』『神葬祭大辞典』『よみがえりの社と祭りのこころ』『神道文化論考集成』他多数。

神戸・生田《いくた》の杜《もり》から日本を考える

2023年3月30日　第1刷発行
著者――加藤隆久
発行――アートヴィレッジ
〒663-8002　西宮市一里山町5-8・502
TEL050-3699-4954　FAX050-3737-4954
URL：https://artvillage.thebase.in/
カバーデザイン――西垣秀樹

定価はカバーに表示してあります。